10 Fairy Tales in French and English with Audio

Improve your French or English reading and listening comprehension skills

"If you want your children to be intelligent, read them fairy tales. If you want them to be very intelligent, read them more fairy tales."

- Albert Einstein

Contents

Quick Disclaimer

The fairy tales included in this book are based on the original texts as it was first written by the original authors. You might come across some words and translations that may already be deemed archaic by today's standards. This is to preserve the authenticity of the language used by the authors.

Thanks

Introduction

There was once a mother who asked Albert Einstein what books her child should read to become a successful scientist.

"Fairy tales," came Einstein's reply.

Unsure about his answer, she asked again, "What other books should I read to him *after* that?"

"More fairy tales," Einstein replied once more.

You see, fairy tales expand imaginations and shape young minds to think outside the box. Stories of faraway lands push the boundaries of thinking, and trigger a creative mindset among young children. Fairy tales also teach children about the consequences of wrong decisions, as well as give them a strong sense of what is right and wrong. But, more importantly, fairy tales make reading fun, and pave the way for a lifelong love of reading.

Reading as a Way to Learn a Language

Reading can be a fun way to practice learning a language. You will gain new vocabulary quickly and even pick up grammar structures naturally. With a good reading habit – something that can be nurtured with the right reading materials – you will be able to polish your language skills so much more easily than when trying to memorize vocabulary and grammar rules step by step.

Boost Your French and English through Reading Fairy Tales

This book contains ten different fairy tales written in French and English. Some of these fairy stories you might already be familiar with; some may be new to you. But one thing is for sure, these are not only for children, they're for adults, too!

If you are trying to boost your French language skills – or perhaps your English – these stories written in dual language will be an enjoyable resource to help you gain new vocabulary and familiarize yourself with sentence structures.

For young readers, these fairy tales will be perfect reading material to help them grow up to be bilingual, while also enhancing their imagination and instilling in them a love for reading.

Improve Your Listening Skills with the French and English Audio

Aside from reading, you can also listen to the fairy tales, as this book comes with audio in both French and English.

Read along to the stories while you listen, listen to the stories with your children during bedtime, or listen to the audio wherever and whenever you like, the choice is yours. But regardless of how you wish to use the audio, the important thing is you will be able to listen to native speakers narrate the stories and be able to practice your listening and pronunciation skills.

Are you ready to start reading and listening to the fairy tales? Let's begin.

How can you download the audio?

To get your copy of the audio, please proceed to the last page of this e-book. You will find a link there where you can download a copy of the MP3 files. Save the audio on any device and listen to it anywhere, anytime – on the road or at home in your pajamas. You can also read the next page for advice on how to use the audio files effectively.

Advice on How to Use This Book Effectively

While you can choose your own way of enjoying this book, I have prepared some advice on how you can take full advantage of it and maximize your learning and enjoyment.

1. Don't try to understand everything the first time around.

As a beginner, your French skills will take time to develop. You may not understand everything. That's OK. Don't give up or get frustrated just because you are stuck on one word. I have tried to provide as much vocabulary as possible that I believe can instill in your mind the comprehension of the stories. If one word confuses you, just skip it and continue reading.

2. Beware of direct translation.

You may have already learned some individual French words separately. Sometimes, though, when these words are put together, the meaning completely changes. Be careful not to translate word for word. For example: « tout le monde » (literal meaning « all the world ») = everybody. The same idea applies for phrasal verbs. For example: « se mettre » (literal meaning « to put yourself ») = to start / to begin.

3. Make use of the summary.

Each story comes with a sample summary. After reading each story, I encourage you to write your own summary to reinforce the learning process. After creating a summary based on your comprehension, compare it with the one provided. I highly recommend completing this exercise. It's a good way to boost your writing skills.

4. Review the words you learned.

The vocabulary recap at the end of each chapter allows a review which will help you recall and retain the new vocabulary and expressions you learned in the story.

Barbe – Bleue

Important: The link to download the audio is available page 116

There was once a man who had fine houses, both in town and country, a deal of silver and gold plate, embroidered furniture, and coaches gilded all over with gold. But this man was so unlucky as to have a blue beard, which made him so frightfully ugly that all the women and girls ran away from him.

Il était une fois un homme qui avait de belles maisons à la ville et à la campagne, de la vaisselle d'or et d'argent, des meubles en broderie, et des carrosses tout dorés; mais par malheur cet homme avait la barbe bleue: cela le rendait si laid et si terrible, qu'il n'était ni femme ni fille qui ne s'enfuit devant lui.

One of his neighbors, a lady of quality, had two daughters who were perfect beauties. He desired of her one of them in marriage, leaving to her choice which of the two she would bestow on him. Neither of them would have him, and they sent him backwards and forwards from one to the other, not being able to bear the thoughts of marrying a man who had a blue beard. Adding to their disgust and aversion was the fact that he already had been married to several wives, and nobody knew what had become of them.

Une de ses voisines, dame de qualité, avait deux filles parfaitement belles. Il lui en demanda une en mariage, et lui laissa le choix de celle qu'elle voudrait lui donner. Elles n'en voulaient point toutes deux, et se le renvoyaient l'une à l'autre, ne pouvant se résoudre à prendre un homme qui eût la barbe bleue. Ce qui les dégoûtait encore, c'est qu'il avait déjà épousé plusieurs femmes, et qu'on ne savait pas ce que ces femmes étaient devenues.

Blue Beard, to engage their affection, took them, with their mother and three or four ladies of their acquaintance, with other young people of the neighborhood, to one of his country houses, where they stayed a whole week.

Barbe Bleue, pour faire connaissance, les mena avec leur mère, et trois ou quatre de leurs meilleures amies, et quelques jeunes gens du voisinage, à une de ses maisons de campagne, où on demeura huit jours entiers.

The time was filled with parties, hunting, fishing, dancing, mirth, and feasting. Nobody went to bed, but all passed the night in rallying and joking with each other. In short, everything succeeded so well that the youngest daughter began to think that the man's beard was not so very blue after all, and that he was a mighty civil gentleman.

Ce n'était que promenades, que parties de chasse et de pêche, que danses et festins, que collations: on ne dormait point, et on passait toute la nuit à se faire des malices les uns aux autres; enfin tout alla si bien, que la cadette commença à trouver que le maître du logis n'avait plus la barbe si bleue, et que c'était un fort honnête homme.

As soon as they returned home, the marriage was concluded. About a month afterwards, Blue Beard told his wife that he was obliged to take a country journey for six weeks at least, about affairs of very great consequence. He desired her to divert herself in his absence, to send for her friends and acquaintances, to take them into the country, if she pleased, and to make good cheer wherever she was.

Dès qu'on fut de retour à la ville, le mariage se conclut. Au bout d'un mois Barbe Bleue dit à sa femme qu'il était obligé de faire un voyage en province, de six semaines au moins, pour une affaire de conséquence; qu'il la priait de se bien divertir pendant son absence, qu'elle fît venir ses bonnes amies, qu'elle les menât à la campagne si elle voulait, que partout elle fît bonne chère:

"Here," said he," are the keys to the two great wardrobes, wherein I have my best furniture. These are to my silver and gold plate, which is not every day in use. These open my strongboxes, which hold my money, both gold and silver; these my caskets of jewels. And this is the master key to all my apartments. But as for this little one here, it is the key to the closet at the end of the great hall on the ground floor. Open them all; go into each and every one of them, except that little closet, which I forbid you, and forbid it in such a manner that, if you happen to open it, you may expect my just anger and resentment."

-«Voilà, lui dit-il, les clefs des deux grands garde-meubles, voilà celles de la vaisselle d'or et d'argent qui ne sert pas tous les jours, voilà celles de mes coffres-forts, où est mon or et mon argent, celles des coffrets où sont mes pierreries, et voilà le passe-partout de tous les appartements. Pour cette petite clef-ci, c'est la clef du cabinet au bout de la grande galerie de l'appartement bas: ouvrez tout, allez partout, mais pour ce petit cabinet, je vous défends d'y entrer, et je vous le défends de telle sorte, que s'il vous arrive de l'ouvrir, il n'y a rien que vous ne deviez attendre de ma colère.»

She promised to observe, very exactly, whatever he had ordered. Then he, after having embraced her, got into his coach and proceeded on his journey.

Elle promit d'observer exactement tout ce qui lui venait d'être ordonné; et lui, après l'avoir embrassée, il monte dans son carrosse, et part pour son voyage.

Her neighbors and good friends did not wait to be sent for by the newly married lady. They were impatient to see all the rich furniture of her house, and had not dared to come while her husband was there, because of his blue beard, which frightened them. They ran through all the rooms, closets, and wardrobes, which were all so fine and rich that they seemed to surpass one another.

Les voisines et les bonnes amies n'attendirent pas qu'on les envoyât chercher pour aller chez la jeune mariée, tant elles avaient d'impatience de voir toutes les richesses de sa maison, n'ayant osé y venir pendant que le mari y était, à cause de sa barbe bleue qui leur faisait peur. Les voilà aussitôt à parcourir les chambres, les cabinets, les garde-robes, toutes plus belles et plus riches les unes que les autres.

After that, they went up into the two great rooms, which contained the best and richest furniture. They could not sufficiently admire the number and beauty of the tapestry, beds, couches, cabinets, stands, tables, and looking glasses, in which you might see yourself from head to foot; some of them were framed with glass, others with silver, plain and gilded, the finest and most magnificent that they had ever seen.

Elles montèrent ensuite aux garde-meubles, où elles ne pouvaient assez admirer le nombre et la beauté des tapisseries, des lits, des sofas, des cabinets, des guéridons, des tables et des miroirs, où l'on se voyait depuis les pieds jusqu'à la tête, et dont les bordures, les unes de glace, les autres d'argent et de vermeil doré, étaient les plus belles et les plus magnifiques qu'on eût jamais vues.

They ceased not to extol and envy the happiness of their friend, who in the meantime in no way diverted herself in looking upon all these rich things, because of the impatience she had to go and open the closet on the ground floor. She was so much pressed by her curiosity that, without considering that it was very uncivil for her to leave her company, she went down a little back staircase, and with such excessive haste that she nearly fell and broke her neck.

Elles ne cessaient d'exagérer et d'envier le bonheur de leur amie, qui cependant ne se divertissait point à voir toutes ces richesses, à cause de l'impatience qu'elle avait d'aller ouvrir le cabinet de l'appartement bas. Elle fut si pressée de sa curiosité, que sans considérer qu'il était malhonnête de quitter sa compagnie, elle y descendit par un petit escalier dérobé, et avec tant de précipitation, qu'elle pensa se rompre le cou deux ou trois fois.

Having come to the closet door, she made a stop for some time, thinking about her husband's orders, and considering what unhappiness might attend her if she was disobedient; but the temptation was so strong that she could not overcome it. She then took the little key, and opened it, trembling. At first she could not see anything plainly, because the windows were shut. After some moments she began to perceive that the floor was all covered over with clotted blood, on which lay the bodies of several dead women, ranged against the walls. (These were all the wives whom Blue Beard had married and murdered, one after another.) She thought she should have died for fear, and the key, which she, pulled out of the lock, fell out of her hand.

Etant arrivée à la porte du cabinet, elle s'y arrêta quelque temps, songeant à la défense que son mari lui avait faite, et considérant qu'il pourrait lui arriver malheur d'avoir été désobéissante; mais la tentation était si forte qu'elle ne put la surmonter: elle prit donc la petite clef, et ouvrit en tremblant la porte du cabinet. D'abord elle ne vit rien, parce que les fenêtres étaient fermées; après quelques moments elle commença à voir que le plancher était tout couvert de sang caillé, et que dans ce sang gisaient les corps de plusieurs femmes mortes et attachées le long des murs (c'était toutes les femmes que Barbe Bleue avait épousées et qu'il avait égorgées l'une après l'autre). Elle pensa mourir de peur, et la clef du cabinet qu'elle venait de retirer de la serrure lui tomba de la main.

After having somewhat recovered her surprise, she picked up the key, locked the door, and went upstairs into her chamber to recover; but she

could not, so much was she frightened. Having observed that the key to the closet was stained with blood, she tried two or three times to wipe it off; but the blood would not come out; in vain did she wash it, and even rub it with soap and sand. The blood still remained, for the key was magical and she could never make it quite clean; when the blood was gone off from one side, it came again on the other.

Après avoir un peu repris ses esprits, elle ramassa la clef, referma la porte, et monta à sa chambre pour se remettre un peu, mais elle n'en pouvait venir à bout, tant elle était émue. Ayant remarqué que la clef du cabinet était tachée de sang, elle l'essuya deux ou trois fois, mais le sang ne s'en allait point; elle eut beau la laver, et même la frotter avec du sablon et avec du grès, il y demeura toujours du sang, car la clef était magique, et il n'y avait pas moyen de la nettoyer tout à fait: quand on ôtait le sang d'un côté, il revenait de l'autre.

Blue Beard returned from his journey the same evening, saying that he had received letters upon the road, informing him that the affair he went about had concluded to his advantage. His wife did all she could to convince him that she was extremely happy about his speedy return.

Barbe Bleue revint de son voyage dès le soir même, et dit qu'il avait reçu des lettres en chemin, qui lui avaient appris que l'affaire pour laquelle il était parti venait d'être terminée à son avantage. Sa femme fit tout ce qu'elle put pour lui témoigner qu'elle était ravie de son prompt retour.

The next morning he asked her for the keys, which she gave him, but with such a trembling hand that he easily guessed what had happened.

"What!" said he, "is not the key of my closet among the rest?"

"I must," said she, "have left it upstairs upon the table."

"Fail not," said Blue Beard, "to bring it to me at once."

After several goings backwards and forwards, she was forced to bring him the key. Blue Beard, having very attentively considered it, said to his wife, "Why is there blood on the key?"

"I do not know," cried the poor woman, paler than death.

"You do not know!" replied Blue Beard. "I very well know. You went into the closet, did you not? Very well, madam; you shall go back, and take your place among the ladies you saw there."

Le lendemain il lui redemanda les clefs, et elle les lui donna. Mais d'une main si tremblante, qu'il devina sans peine tout ce qui s'était passé.

-«D'où vient, lui dit-il, que la clef du cabinet n'est point avec les autres?»

-«Sans doute», dit-elle, «que je l'ai laissée là-haut sur ma table.»

-«Ne manquez pas», dit la Barbe bleue, «de me la donner tantôt.» Après l'avoir retardé le plus possible, il fallut apporter la clef. Barbe Bleue, l'ayant examinée, dit à sa femme:

-«Pourquoi y a-t-il du sang sur cette clef?»

-«Je n'en sais rien», répondit la pauvre femme, plus pâle que la mort.

-«Vous n'en savez rien», reprit Barbe Bleue, «je le sais bien, moi; vous avez voulu entrer dans le cabinet! Hé bien, Madame, vous y entrerez, et irez prendre votre place auprès des dames que vous y avez vues.»

Upon this she threw herself at her husband's feet, and begged his pardon with all the signs of a true repentance, vowing that she would never more be disobedient. She would have melted a rock, so beautiful and sorrowful was she; but Blue Beard had a heart harder than any rock!

Elle se jeta aux pieds de son mari, en pleurant et en lui demandant pardon, avec toutes les marques d'un vrai repentir de n'avoir pas été obéissante. Elle aurait attendri un rocher, belle et affligée comme elle était; mais Barbe Bleue avait le coeur plus dur qu'un rocher:

"You must die, madam," said he, "at once."

"Since I must die," answered she (looking upon him with her eyes all bathed in tears), "give me some little time to say my prayers."

"I give you," replied Blue Beard, "half a quarter of an hour, but not one moment more."

-«Il faut mourir, Madame, lui dit-il, et tout à l'heure.»

-«Puisqu'il faut mourir, répondit-elle, en le regardant, les yeux baignés de larmes, donnez-moi un peu de temps pour prier Dieu.» -»Je vous donne un quart d'heure», reprit Barbe Bleue, «mais pas un moment de plus.»

When she was alone she called out to her sister, and said to her, "Sister Anne" (for that was her name), "go up, I beg you, to the top of the tower,

and look if my brothers are not coming. They promised me that they would come today, and if you see them, give them a sign to make haste."

Her sister Anne went up to the top of the tower, and the poor afflicted wife cried out from time to time, "Anne, sister Anne, do you see anyone coming?"

And sister Anne said, "I see nothing but a cloud of dust in the sun, and the green grass."

Cependant Barbe Bleue, tenant un grand couteau à la main, criait de toute sa force à sa femme:

-«Descends vite, ou je monterai là-haut.»

In the meanwhile Blue Beard, holding a great saber in his hand, cried out as loud as he could bawl to his wife, "Come down instantly, or I shall come up to you."

-**"Encore un moment s'il vous plaît", lui répondait sa femme et aussitôt elle criait tout bas:**

Lorsqu'elle fut seule, elle appela sa soeur, et lui dit:

-«Ma soeur Anne (car elle s'appelait ainsi), monte, je te prie, sur le haut de la tour, pour voir si mes frères ne viennent point; ils m'ont promis qu'ils viendraient me voir aujourd'hui, et si tu les vois, fais-leur signe de se hâter.»

La soeur Anne monta sur le haut de la tour, et la pauvre affligée lui criait de temps en temps:

-«Anne, ma soeur Anne, ne vois-tu rien venir?»

Et la soeur Anne lui répondait:

-«Je ne vois rien que le soleil qui poudroie, et l'herbe qui verdoie.»

"One moment longer, if you please," said his wife; and then she cried out very softly, "Anne, sister Anne, do you see anybody coming?"

And sister Anne answered, "I see nothing but a cloud of dust in the sun, and the green grass."

"Come down quickly," cried Blue Beard, "or I will come up to you."

"I am coming," answered his wife; and then she cried, "Anne, sister Anne, do you not see anyone coming?"

"I see," replied sister Anne, "a great cloud of dust approaching us."

"Are they my brothers?"

"Alas, no my dear sister, I see a flock of sheep."

"Will you not come down?" cried Blue Beard.

"One moment longer," said his wife, and then she cried out, "Anne, sister Anne, do you see nobody coming?"

"I see," said she, "two horsemen, but they are still a great way off."

"God be praised," replied the poor wife joyfully. "They are my brothers. I will make them a sign, as well as I can for them to make haste."

-«Anne, ma soeur Anne, ne vois-tu rien venir?»

Et la soeur Anne répondait:

-«Je ne vois rien que le soleil qui poudroie, et l'herbe qui verdoie.»

-«Descends donc vite, criait la Barbe bleue, ou je monterai là-haut.»

-«Je m'en vais», répondait sa femme, et puis elle criait:

-«Anne, ma soeur Anne, ne vois-tu rien venir?»

-«Je vois», répondit la soeur Anne, «une grosse poussière qui vient de ce côté-ci.»

-«Sont-ce mes frères?»

-«Hélas! non, ma soeur, c'est un troupeau de moutons.»

-«Ne veux-tu pas descendre?» criait la Barbe bleue.

-«Encore un moment», répondait sa femme; et puis elle riait:

-«Anne, ma soeur Anne, ne vois-tu rien venir?»

-«Je vois», répondit-elle, «deux cavaliers qui viennent de ce côté-ci, mais ils sont bien loin encore. Dieu soit loué», s'écria-t-elle un moment après, «ce sont mes frères; je leur fais signe tant que je puis de se hâter.»

Then Blue Beard bawled out so loud that he made the whole house tremble. The distressed wife came down, and threw herself at his feet, all in tears, with her hair about her shoulders.

Barbe Bleue se mit à crier si fort que toute la maison en trembla. La pauvre femme descendit, et alla se jeter à ses pieds toute éplorée et toute échevelée.

"This means nothing," said Blue Beard. "You must die!" Then, taking hold of her hair with one hand, and lifting up the sword with the other,

he prepared to strike off her head. The poor lady, turning about to him, and looking at him with dying eyes, desired him to afford her one little moment to recollect herself.

-«Cela ne sert de rien», dit Barbe Bleue, «il faut mourir.»

Puis la prenant d'une main par les cheveux, et de l'autre levant le couteau en l'air, il allait lui trancher la tête. La pauvre femme se tournant vers lui, et le regardant avec des yeux mourants, le pria de lui donner un petit moment pour se recueillir.

"No, no," said he, "commend yourself to God," and was just ready to strike.

At this very instant there was such a loud knocking at the gate that Blue Beard made a sudden stop. The gate was opened, and two horsemen entered. Drawing their swords, they ran directly to Blue Beard. He knew them to be his wife's brothers, one a dragoon, the other a musketeer; so that he ran away immediately to save himself; but the two brothers pursued and overtook him before he could get to the steps of the porch. Then they ran their swords through his body and left him dead. The poor wife was almost as dead as her husband, and had not strength enough to rise and welcome her brothers.

Blue Beard had no heirs, and so his wife became mistress of all his estate. She made use of one part of it to marry her sister Anne to a young gentleman who had loved her a long while; another part to buy captains' commissions for her brothers, and the rest to marry herself to a very worthy gentleman, who made her forget the ill time she had passed with Blue Beard.

-«Non, non», dit-il, «recommande-toi bien à Dieu»; et levant son bras...

A ce moment on heurta si fort à la porte, que Barbe Bleue s'arrêta tout court: on ouvrit, et aussitôt on vit entrer deux cavaliers qui, mettant l'épée à la main, coururent droit à Barbe Bleue. Il reconnut que c'était les frères de sa femme, l'un dragon et l'autre mousquetaire, de sorte qu'il s'enfuit aussitôt pour se sauver; mais les deux frères le poursuivirent de si près, qu'ils l'attrapèrent avant qu'il pût gagner le perron: ils lui passèrent leur épée au travers du corps, et le laissèrent mort. La pauvre femme était presque aussi morte que son mari, et n'avait pas la force de se lever pour embrasser ses frères. Il se trouva que Barbe Bleue n'avait point d'héritiers, et qu'ainsi sa femme demeura maîtresse de tous ses biens. Elle en employa une partie à marier sa soeur Anne avec un jeune gentilhomme, dont elle était aimée depuis longtemps; une autre partie à acheter des charges de capitaine à ses deux frères; et le reste à se marier elle-même à un fort honnête homme, qui lui fit oublier le mauvais temps qu'elle avait passé avec Barbe bleue.

La Belle Au Bois Dormant

Once upon a time there lived a king and queen who were grieved, more grieved than words can tell, because they had no children. They tried the waters of every country, made vows and pilgrimages, and did everything that could be done, but without result. At last, however, the queen found that her wishes were fulfilled, and in due course she gave birth to a daughter.

A grand christening was held, and all the fairies that could be found in the realm (they numbered seven in all) were invited to be godmothers to the little princess. This was done so that by means of the gifts which each in turn would bestow upon her (in accordance with the fairy custom of those days) the princess might be endowed with every imaginable perfection.

Il était une fois un roi et une reine qui étaient si fâchés de n'avoir point d'enfants, si fâchés qu'on ne saurait dire. Ils allèrent à toutes les eaux du monde, voeux, pèlerinages, menues dévotions; tout fut mis en oeuvre, et rien n'y faisait. Enfin pourtant la reine devint grosse, et accoucha d'une fille: on fit un beau baptême; on donna pour marraines à la petite princesse toutes les fées qu'on pût trouver dans le pays (il s'en trouva sept), afin que chacune d'elles lui faisant un don, comme c'était la coutume des fées en ce temps-là, la princesse eût par ce moyen toutes les perfections imaginables.

When the christening ceremony was over, all the company returned to the king's palace, where a great banquet was held in honor of the fairies. Places were laid for them in magnificent style, and before each was placed a solid gold casket containing a spoon, fork, and knife of fine gold, set with diamonds and rubies. But just as all were sitting down to table an aged fairy was seen to enter, whom no one had thought to invite – the reason being that for more than fifty years she had never quitted the tower in which she lived, and people had supposed her to be dead or bewitched.

By the king's orders a place was laid for her, but it was impossible to give her a golden casket like the others, for only seven had been made for the seven fairies. The old creature believed that she was intentionally slighted, and muttered threats between her teeth.

Après les cérémonies du baptême toute la compagnie revint au palais du roi, où il y avait un grand festin pour les fées. On mit devant chacune d'elles un couvert magnifique, avec un étui d'or massif, où il y avait une cuiller, une fourchette, et un couteau de fin or, garni de diamants et de rubis. Mais comme chacun prenait sa place à table. On vit entrer une vieille fée qu'on n'avait point priée parce qu'il y avait plus de cinquante ans qu'elle n'était sortie d'une tour et qu'on la croyait morte, ou enchantée. Le roi lui fit donner un couvert, mais il n'y eut pas moyen de lui donner un étui d'or massif, comme aux autres, parce que l'on n'en avait fait faire que sept pour les sept fées. La vieille crut qu'on la méprisait, et grommela quelques menaces entre ses dents.

She was overheard by one of the young fairies, who was seated nearby. The latter, guessing that some mischievous gift might be bestowed upon the little princess, hid behind the tapestry as soon as the company left the table. Her intention was to be the last to speak, and so to have the power of counteracting, as far as possible, any evil which the old fairy might do.

Une des jeunes fées qui se trouva auprès d'elle l'entendit, et jugeant qu'elle pourrait donner quelque fâcheux don à la petite princesse, alla, dès qu'on fut sorti de table, se cacher derrière la tapisserie, afin de parler la dernière, et de pouvoir réparer autant qu'il lui serait possible le mal que la vieille aurait fait.

Presently the fairies began to bestow their gifts upon the princess. The youngest ordained that she should be the most beautiful person in the world; the next, that she should have the temper of an angel; the third, that she should do everything with wonderful grace; the fourth, that she should dance to perfection; the fifth, that she should sing like a nightingale; and the sixth, that she should play every kind of music with the utmost skill.

Cependant les fées commencèrent à faire leurs dons à la princesse. La plus jeune lui donna pour don qu'elle serait la plus belle du monde, celle d'après qu'elle aurait de l'esprit comme un ange, la troisième qu'elle aurait une grâce admirable à tout ce qu'elle ferait, la quatrième qu'elle danserait parfaitement bien, la cinquième qu'elle chanterait comme un rossignol, et la sixième qu'elle jouerait de toutes sortes d'instruments à la perfection.

It was now the turn of the aged fairy. Shaking her head, in token of spite rather than of infirmity, she declared that the princess should

prick her hand with a spindle, and die of it. A shudder ran through the company at this terrible gift.

Le rang de la vieille fée étant venu, elle dit en branlant la tête, encore plus de dépit que de vieillesse, que la princesse se percerait la main d'un fuseau, et qu'elle en mourrait.

All eyes were filled with tears. But at this moment the young fairy stepped forth from behind the tapestry. "Take comfort, your Majesties," she cried in a loud voice. "Your daughter shall not die. My power, it is true, is not enough to undo all that my aged kinswoman has decreed. The princess will indeed prick her hand with a spindle. But instead of dying she shall merely fall into a profound slumber that will last a hundred years. At the end of that time a king's son shall come to awaken her."

Ce terrible don fit frémir toute la compagnie, et il n'y eut personne qui ne pleurât. Dans ce moment la jeune fée sortit de derrière la tapisserie, et dit tout haut ces paroles: ''Rassurez-vous, roi et reine, votre fille n'en mourra pas: il est vrai que je n'ai pas assez de puissance pour défaire entièrement ce que mon ancienne a fait. La princesse se percera la main d'un fuseau; mais au lieu d'en mourir, elle tombera seulement dans un profond sommeil qui durera cent ans, au bout desquels le fils d'un roi viendra la réveiller."

The king, in an attempt to avert the unhappy doom pronounced by the old fairy, at once published an edict forbidding all persons, under pain of death, to use a spinning wheel or keep a spindle in the house.

At the end of fifteen or sixteen years the king and queen happened one day to be away, on pleasure bent. The princess was running about the castle, and going upstairs from room to room she came at length to a garret at the top of a tower, where an old serving woman sat alone with her distaff, spinning. This good woman had never heard speak of the king's proclamation forbidding the use of spinning wheels.

Le roi, pour tâcher d'éviter le malheur annoncé par la vieille, fit publier aussitôt un édit, par lequel il défendait à tous de filer au fuseau, ni d'avoir des fuseaux chez soi sous peine de mort. Au bout de quinze ou seize ans, le roi et la reine étant allés à une de leurs maisons de plaisance, il arriva que la jeune princesse courant un jour dans le château, et montant de chambre en chambre, alla jusqu'au haut d'un donjon dans un petit galetas, où une bonne vieille était seule à filer sa quenouille. Cette bonne femme n'avait point entendu parler des défenses que le roi avait faites de filer au fuseau.

"What are you doing, my good woman?" asked the princess.

"I am spinning, my pretty child," replied the dame, not knowing who she was.

"Oh, what fun!" rejoined the princess. "How do you do it? Let me try and see if I can do it equally well."

Partly because she was too hasty, partly because she was a little heedless, but also because the fairy decree had ordained it, no sooner had she seized the spindle than she pricked her hand and fell down in a swoon.

-«Que faites-vous là, ma bonne femme?» dit la princesse.

-«Je file, ma belle enfant» lui répondit la vieille qui ne la connaissait pas.

-«Ha! que cela est joli» reprit la princesse, «comment faites-vous? Donnez-moi que je voie si j'en ferais bien autant.»

Elle n'eut pas plus tôt pris le fuseau, que comme elle était fort vive, un peu étourdie, et que d'ailleurs l'arrêt des fées l'ordonnait ainsi, elle s'en perça la main, et tomba évanouie.

In great alarm the good dame cried out for help. People came running from every quarter to the princess. They threw water on her face, chafed her with their hands, and rubbed her temples with the royal essence of Hungary. But nothing would restore her.

Then the king, who had been brought upstairs by the commotion, remembered the fairy prophecy. Feeling certain that what had happened was inevitable, since the fairies had decreed it, he gave orders that the princess should be placed in the finest apartment in the palace, upon a bed embroidered in gold and silver.

La bonne vieille, bien embarrassée, crie au secours: on vient de tous côtés, on jette de l'eau au visage de la princesse, on la délace, on lui frappe dans les mains, on lui frotte les tempes avec de l'eau de la reine de Hongrie; mais rien ne la faisait revenir. Alors le roi, qui était monté au bruit, se souvint de la prédiction des fées, et jugeant bien qu'il fallait que cela arrivât, puisque les fées l'avaient dit, fit mettre la princesse dans le plus bel appartement du palais, sur un lit en broderie d'or et d'argent.

You would have thought her an angel, so fair was she to behold. The trance had not taken away the lovely color of her complexion. Her cheeks were delicately flushed, her lips like coral. Her eyes, indeed, were closed, but her gentle breathing could be heard, and it was therefore plain that she was not dead. The king commanded that she should be left to sleep in peace until the hour of her awakening should come.

On eût dit d'un ange, tant elle était belle; car son évanouissement n'avait pas ôté les couleurs vives de son teint: ses joues étaient incarnates, et ses lèvres comme du corail; elle avait seulement les yeux fermés, mais on l'entendait respirer doucement, ce qui montrait bien qu'elle n'était pas morte. Le roi ordonna qu'on la laissât dormir, jusqu'à ce que son heure de se réveiller fût venue.

When the accident happened to the princess, the good fairy who had saved her life by condemning her to sleep a hundred years was in the kingdom of Mataquin, twelve thousand leagues away. She was instantly warned of it, however, by a little dwarf who had a pair of seven-league boots, which are boots that enable one to cover seven leagues at a single step. The fairy set off at once, and within an hour her chariot of fire, drawn by dragons, was seen approaching.

La bonne fée qui lui avait sauvé la vie, en la condamnant à dormir cent ans, était dans le royaume de Mataquin, à douze mille lieues de là, lorsque l'accident arriva à la princesse; mais elle en fut avertie en un instant par un petit nain, qui avait des bottes de sept lieues (c'était des bottes avec lesquelles on faisait sept lieues d'une seule enjambée). La fée partit aussitôt, et on la vit au bout d'une heure arriver dans un chariot tout de feu, traîné par des dragons.

The king handed her down from her chariot, and she approved of all that he had done. But being gifted with great powers of foresight, she bethought herself that when the princess came to be awakened, she would be much distressed to find herself all alone in the old castle.

Le roi lui alla présenter la main à la descente du chariot. Elle approuva tout ce qu'il avait fait; mais comme elle était grandement prévoyante, elle pensa que quand la princesse viendrait à se réveiller, elle serait bien embarrassée toute seule dans ce vieux château.

And this is what she did. She touched with her wand everybody (except the king and queen) who was in the castle – governesses, maids of

honor, ladies-in-waiting, gentlemen, officers, stewards, cooks, scullions, errand boys, guards, porters, pages, footmen. She touched likewise all the horses in the stables, with their grooms, the big mastiffs in the courtyard, and little Puff, the pet dog of the princess, who was lying on the bed beside his mistress. The moment she had touched them they all fell asleep, to awaken only at the same moment as their mistress. Thus they would always be ready with their service whenever she should require it. The very spits before the fire, loaded with partridges and pheasants, subsided into slumber, and the fire as well.

Voici ce qu'elle fit: elle toucha de sa baguette tout ce qui était dans ce château (hors le roi et la reine), gouvernantes, filles d'honneur, femmes de chambre, gentilshommes, officiers, maîtres d'hôtel, cuisiniers, marmitons, galopins, gardes, suisses, pages, valets de pied; elle toucha aussi tous les chevaux qui étaient dans les écuries, avec les palefreniers, les gros mâtins de basse-cour, et Pouffe, la petite chienne de la princesse, qui était auprès d'elle sur son lit. Dès qu'elle les eut touchés, ils s'endormirent tous, pour ne se réveiller qu'en même temps que leur maîtresse, afin d'être tout prêts à la servir quand elle en aurait besoin: les broches mêmes qui étaient au feu toutes pleines de perdrix et de faisans s'endormirent, et le feu aussi.

And this is what she did. She touched with her wand everybody (except the king and queen) who was in the castle – governesses, maids of honor, ladies-in-waiting, gentlemen, officers, stewards, cooks, scullions, errand boys, guards, porters, pages, footmen. She touched likewise all the horses in the stables, with their grooms, the big mastiffs in the courtyard, and little Puff, the pet dog of the princess, who was lying on the bed beside his mistress. The moment she had touched them they all fell asleep, to awaken only at the same moment as their mistress. Thus they would always be ready with their service whenever she should require it. The very spits before the fire, loaded with partridges and pheasants, subsided into slumber, and the fire as well. All was done in a moment, for the fairies do not take long over their work.

Tout cela se fit en un moment; les fées n'étaient pas longues à leur besogne. Alors le roi et la reine, après avoir embrassé leur chère enfant sans qu'elle s'éveillât, sortirent du château, et firent publier des défenses à qui que ce soit d'en approcher. Ces défenses n'étaient pas nécessaires, car il crût dans un quart d'heure tout autour du parc une si grande quantité de grands arbres et de petits, de ronces et d'épines entrelacées les unes dans les autres, que bête ni homme n'y aurait pu passer: en sorte qu'on ne voyait plus que le haut des tours du château, encore n'était-ce que de bien loin. On ne douta point que la fée n'eût encore fait là un tour de son métier, afin que la princesse, pendant qu'elle dormirait, n'eût rien à craindre des curieux.

At the end of a hundred years the throne had passed to another family from that of the sleeping princess. One day the king's son chanced to go a-hunting that way, and seeing in the distance some towers in the midst of a large and dense forest, he asked what they were. His attendants told him in reply the various stories which they had heard. Some said there was an old castle haunted by ghosts, others that all the witches of the neighborhood held their revels there. The favorite tale was that in the castle lived an ogre, who carried thither all the children whom he could catch. There he devoured them at his leisure, and since he was the only person who could force a passage through the wood nobody had been able to pursue him.

Au bout de cent ans, le fils du roi qui régnait alors, et qui était d'une autre famille que la princesse endormie, étant allé à la chasse de ce côté-là, demanda ce que c'était que ces tours qu'il voyait au-dessus d'un grand bois fort épais; chacun lui répondit selon qu'il en avait ouï parler. Les uns disaient que c'était un vieux château où il revenait des esprits; les autres que tous les sorciers de la contrée y faisaient leur sabbat. La plus commune opinion était qu'un ogre y demeurait, et que là il emportait tous les enfants qu'il pouvait attraper, pour pouvoir les manger à son aise, et sans qu'on le pût suivre, ayant seul le pouvoir de se faire un passage au travers du bois.

While the prince was wondering what to believe, an old peasant took up the tale.

"Your Highness," said he, "more than fifty years ago I heard my father say that in this castle lies a princess, the most beautiful that has ever been seen. It is her doom to sleep there for a hundred years, and then to be awakened by a king's son, for whose coming she waits."

Le Prince ne savait qu'en croire, lorsqu'un vieux paysan prit la parole, et lui dit:

-«Mon prince, il y a plus de cinquante ans que j'ai entendu dire de mon père qu'il y avait dans ce château une princesse, la plus belle du monde; qu'elle devait y dormir cent ans, et qu'elle serait réveillée par le fils d'un roi, à qui elle était réservée.»

This story fired the young prince. He jumped immediately to the conclusion that it was for him to see so gay an adventure through, and impelled alike by the wish for love and glory, he resolved to set about it on the spot.

Le jeune prince à ce discours se sentit tout de feu; il crut sans hésiter qu'il mettrait fin à une si belle aventure; et poussé par l'amour et par la gloire, il résolut de voir sur-le-champ ce qu'il en était.

Hardly had he taken a step towards the wood when the tall trees, the brambles and the thorns, separated of themselves and made a path for him. He turned in the direction of the castle, and espied it at the end of a long avenue. This avenue he entered, and was surprised to notice that the trees closed up again as soon as he had passed, so that none of his retinue were able to follow him. A young and gallant prince is always brave, however; so he continued on his way, and presently reached a large forecourt.

A peine s'avança-t-il vers le bois, que tous ces grands arbres, ces ronces et ces épines s'écartèrent d'eux-mêmes pour le laisser passer: il marche vers le château qu'il voyait au bout d'une grande avenue où il entra, et ce qui le surprit un peu, il vit que personne de ses gens ne l'avait pu suivre, parce que les arbres s'étaient rapprochés dès qu'il avait été passé. Il continua donc son chemin: un prince jeune et amoureux est toujours vaillant.

The sight that now met his gaze was enough to fill him with an icy fear. The silence of the place was dreadful, and death seemed all about him. The recumbent figures of men and animals had all the appearance of being lifeless, until he perceived by the pimply noses and ruddy faces of the porters, that they merely slept. It was plain, too, from their glasses, in which were still some dregs of wine, that they had fallen asleep while drinking.

Il entra dans une grande avant-cour où tout ce qu'il vit d'abord était capable de le glacer de crainte: c'était un silence affreux, l'image de la mort s'y présentait partout, et ce n'était que des corps étendus d'hommes et d'animaux, qui paraissaient morts. Il reconnut pourtant bien au nez bourgeonné et à la face vermeille des Suisses qu'ils n'étaient qu'endormis, et leurs tasses, où il y avait encore quelques gouttes de vin, montraient assez qu'ils s'étaient endormis en buvant.

The prince made his way into a great courtyard, paved with marble, and mounting the staircase entered the guardroom. Here the guards were lined up on either side in two ranks, their muskets on their shoulders, snoring their hardest. Through several apartments crowded with ladies and gentlemen in waiting, some seated, some standing, but all asleep, he pushed on, and so came at last to a chamber which was decked all over with gold. There he encountered the most beautiful sight he had ever seen. Reclining upon a bed, the curtains of which on every side were drawn back, was a princess of seemingly some fifteen or sixteen summers, whose radiant beauty had an almost unearthly luster.

Trembling in his admiration he drew near and went on his knees beside her.

Il passe une grande cour pavée de marbre, il monte l'escalier, il entre dans la salle des gardes qui étaient rangés en haie, l'arme sur l'épaule, et ronflants de leur mieux. Il traverse plusieurs chambres pleines de gentilshommes et de dames, dormant tous, les uns debout, les autres assis; il entre dans une chambre toute dorée, et il vit sur un lit, dont les rideaux étaient ouverts de tous côtés, le plus beau spectacle qu'il eût jamais vu: une princesse qui paraissait avoir quinze ou seize ans, et dont l'éclat resplendissant avait quelque chose de lumineux et de divin. Il s'approcha en tremblant et en admirant, et se mit à genoux auprès d'elle.

At the same moment, the hour of disenchantment having come, the princess awoke, and bestowed upon him a look more tender than a first glance might seem to warrant.

"Is it you, dear prince?" she said. "You have been long in coming!"

Charmed by these words, and especially by the manner in which they were said, the prince scarcely knew how to express his delight and gratification. He declared that he loved her better than he loved himself. His words were faltering, but they pleased the more for that. The less there is of eloquence, the more there is of love.

Alors comme la fin de l'enchantement était venue, la;princesse s'éveilla; et le regardant avec des yeux plus tendres qu'une première vue ne semblait le permettre: ''Est-ce vous, mon prince? Lui dit-elle, vous vous êtes bien fait attendre.'' Le prince, charmé de ces paroles, et plus encore de la manière dont elles étaient dites, ne savait comment lui témoigner sa joie et sa reconnaissance; il l'assura qu'il l'aimait plus que lui-même. Ses discours furent mal rangés, ils en plurent davantage: peu d'éloquence, beaucoup d'amour.

Her embarrassment was less than his, and that is not to be wondered at, since she had had time to think of what she would say to him. It seems (although the story says nothing about it) that the good fairy had beguiled her long slumber with pleasant dreams. To be brief, after four hours of talking they had not succeeded in uttering one half of the things they had to say to each other.

Il était plus embarrassé qu'elle, et l'on ne doit pas s'en étonner; elle avait eu le temps de songer à ce qu'elle aurait à lui dire, car il y a apparence (l'histoire n'en dit pourtant rien) que la bonne fée, pendant un si long sommeil, lui avait procuré le plaisir des songes agréables. Enfin il y avait quatre heures qu'ils se parlaient, et ils ne s'étaient pas encore dit la moitié des choses qu'ils avaient à se dire.

Now the whole palace had awakened with the princess. Everyone went about his business, and since they were not all in love they presently began to feel mortally hungry. The lady-in-waiting, who was suffering like the rest, at length lost patience, and in a loud voice called out to the princess that supper was served.

Cependant tout le palais s'était réveillé avec la princesse; chacun songeait à faire sa charge, et comme ils n'étaient pas tous amoureux, ils mouraient de faim; la dame d'honneur, pressée comme les autres, s'impatienta, et dit tout haut à la princesse que la viande était servie.

The princess was already fully dressed, and in most magnificent style. As he helped her to rise, the prince refrained from telling her that her clothes, with the straight collar which she wore, were like those to which his grandmother had been accustomed. And in truth, they in no way detracted from her beauty.

Le prince aida la princesse à se lever; elle était tout habillée et fort magnifiquement; mais il se garda bien de lui dire qu'elle était habillée comme ma grand-mère, et qu'elle avait un collet monté: elle n'en était pas moins belle.

They passed into an apartment hung with mirrors, and were there served with supper by the stewards of the household, while the fiddles and oboes played some old music and played it remarkably well,

considering they had not played at all for just upon a hundred years. A little later, when supper was over, the chaplain married them in the castle chapel, and in due course, attended by the courtiers in waiting, they retired to rest.

Ils passèrent dans un salon de miroirs, et y soupèrent, servis par les officiers de la princesse; les violons et les hautbois jouèrent de vieilles pièces, mais excellentes, quoiqu'il y eût près de cent ans qu'on ne les jouât plus; et après souper, sans perdre de temps, le grand aumônier les maria dans la chapelle du château, et la dame d'honneur leur tira le rideau:

They slept but little, however. The princess, indeed, had not much need of sleep, and as soon as morning came the prince took his leave of her. He returned to the city, and told his father, who was awaiting him with some anxiety, that he had lost himself while hunting in the forest, but had obtained some black bread and cheese from a charcoal burner, in whose hovel he had passed the night.

ils dormirent peu, la princesse n'en avait pas grand besoin, et le prince la quitta dès le matin pour retourner à la ville, où son père devait être en peine de lui. Le prince lui dit qu'en chassant il s'était perdu dans la forêt, et qu'il avait couché dans la hutte d'un charbonnier, qui lui avait fait manger du pain noir et du fromage.

His royal father, being of an easygoing nature, believed the tale, but his mother was not so easily hoodwinked. She noticed that he now went hunting every day, and that he always had an excuse handy when he had slept two or three nights from home. She felt certain, therefore, that he had some love affair.

Le roi son père, qui était bon homme, le crut, mais sa mère n'en fut pas bien persuadée, et voyant qu'il allait presque tous les jours à la chasse, et qu'il avait toujours une raison pour s'excuser, quand il avait couché deux ou trois nuits dehors, elle ne douta plus qu'il n'eût quelque amourette:

Two whole years passed since the marriage of the prince and princess, and during that time they had two children. The first, a daughter, was called "Dawn," while the second, a boy, was named "Day," because he seemed even more beautiful than his sister.

Car il vécut avec la princesse plus de deux ans entiers, et en eut deux enfants, dont le premier, qui fut une fille, fut nommée l'Aurore, et le second un fils, qu'on nomma le Jour, parce qu'il paraissait encore plus beau que sa soeur.

Many a time the queen told her son that he ought to settle down in life. She tried in this way to make him confide in her, but he did not dare to trust her with his secret. Despite the affection which he bore her, he was afraid of his mother, for she came of a race of ogres, and the king had only married her for her wealth.

La reine dit plusieurs fois à son fils, pour le faire s'expliquer, qu'il fallait se contenter dans la vie, mais il n'osa jamais lui confier son secret; il la craignait quoiqu'il l'aimât, car elle était de race ogresse, et le roi ne l'avait épousée qu'à cause de ses grands biens;

It was whispered at the court that she had ogrish (ogres) instincts, and that when little children were near her she had the greatest difficulty in the world to keep herself from pouncing on them.

No wonder the prince was reluctant to say a word.

On disait même tout bas à la cour qu'elle avait les inclinations des ogres, et qu'en voyant passer de petits enfants, elle avait toutes les peines du monde à se retenir de se jeter sur eux; ainsi le prince ne voulut jamais rien dire.

But at the end of two years the king died, and the prince found himself on the throne. He then made public announcement of his marriage, and went in state to fetch his royal consort from her castle. With her two children beside her she made a triumphal entry into the capital of her husband's realm.

Sometime afterwards the king declared war on his neighbor, the Emperor Cantalabutte. He appointed the queen mother as regent in his absence, and entrusted his wife and children to her care.

Mais quand le roi fut mort, ce qui arriva au bout de deux ans, et qu'il se vit le maître, il déclara publiquement son mariage, et alla en grande cérémonie cherche la reine sa femme dans son château. On lui fit une entrée magnifique dans la ville capitale, où elle entra au milieu de ses deux enfants. Quelque temps après, le roi alla faire la guerre à l'empereur Cantalabutte son voisin. Il laissa la régence du royaume à la reine sa mère, et lui recommanda vivement sa femme et ses enfants:

He expected to be away at the war for the whole of the summer, and as soon as he was gone the queen mother sent her daughter-in-law and the two children to a country mansion in the forest. This she did that she might be able the more easily to gratify her horrible longings. A few days later she went there and in the evening summoned the chief steward.

"For my dinner tomorrow," she told him, "I will eat little Dawn."

"Oh, Madam!" exclaimed the steward.

"That is my will," said the queen; and she spoke in the tones of an ogre who longs for raw meat.

"You will serve her with piquant sauce," she added.

Il devait être à la guerre tout l'été, et dès qu'il fut parti, la reine-mère envoya sa bru et ses enfants à une maison de campagne dans les bois, pour pouvoir plus aisément assouvir son horrible envie. Elle y alla quelques jours après, et dit un soir à son maître d'hôtel:

-«Je veux manger demain à mon dîner la petite Aurore».

-«Ah! Madame», dit le maître d'hôtel.

-«Je le veux», dit la reine (et elle le dit d'un ton d'ogresse qui a envie de manger de la chair fraîche), «et je veux la manger à la sauce-robert.»

The poor man, seeing plainly that it was useless to trifle with an ogress, took his big knife and went up to little Dawn's chamber. She was at that time four years old, and when she came running with a smile to greet him, flinging her arms round his neck and coaxing him to give her some sweets, he burst into tears, and let the knife fall from his hand.

Presently he went down to the yard behind the house, and slaughtered a young lamb. For this he made so delicious a sauce that his mistress declared she had never eaten anything so good.

Ce pauvre homme, voyant bien qu'il ne fallait pas se jouer d'une ogresse, prit son grand couteau, et monta à la chambre de la petite Aurore: elle avait alors quatre ans, et vint en sautant et en riant se jeter à son cou, et lui demander du bonbon. Il se mit à pleurer, le couteau lui tomba des mains, et il alla dans la basse-cour couper la gorge à un petit agneau, et lui fit une si bonne sauce que sa maîtresse l'assura qu'elle n'avait jamais rien mangé de si bon.

At the same time the steward carried little Dawn to his wife, and bade the latter hide her in the quarters which they had below the yard.

Eight days later the wicked queen summoned her steward again.

"For my supper," she announced, "I will eat little Day."

The steward made no answer, being determined to trick her as he had done previously. He went in search of little Day, whom he found with a tiny foil in his hand, making brave passes – though he was but three years old – at a big monkey. He carried him off to his wife, who stowed him away in hiding with little Dawn. To the ogress the steward served up, in place of Day, a young kid so tender that she found it surpassingly delicious.

Il avait emporté en même temps la petite Aurore, et l'avait donnée à sa femme pour la cacher dans le logement qu'elle avait au fond de la basse-cour. Huit jours après, la méchante reine dit à son maître d'hôtel:

-«Je veux manger à mon souper le petit Jour.»

Il ne répliqua pas, résolu de la tromper comme l'autre fois; il alla chercher le petit Jour, et le trouva avec un petit fleuret à la main, dont il faisait des armes avec un gros singe: il n'avait pourtant que trois ans. Il le porta à sa femme qui le cacha avec la petite Aurore, et donna à la place du petit Jour un petit chevreau fort tendre, que l'ogresse trouva admirablement bon.

So far, so good. But there came an evening when this evil queen again addressed the steward.

"I have a mind," she said, "to eat the queen with the same sauce as you served with her children."

This time the poor steward despaired of being able to practice another deception. The young queen was twenty years old, without counting the hundred years she had been asleep. Her skin, though white and beautiful, had become a little tough, and what animal could he possibly find that would correspond to her? He made up his mind that if he would save his own life he must kill the queen, and went upstairs to her apartment determined to do the deed once and for all. Goading himself into a rage he drew his knife and entered the young queen's chamber, but a reluctance to give her no moment of grace made him repeat respectfully the command which he had received from the queen mother.

Cela avait fort bien été jusque-là, mais un soir cette méchante reine dit au maître d'hôtel: ''Je veux manger la reine à la même sauce que ses enfants."

Ce fut alors que le pauvre maître d'hôtel désespéra de pouvoir encore la tromper. La jeune reine avait vingt ans passés, sans compter les cent ans qu'elle avait dormi: sa peau était un peu dure, quoique belle et blanche; et le moyen de trouver dans la ménagerie une bête aussi dure que cela? Il prit la résolution, pour sauver sa vie, de couper la gorge à la reine, et monta dans sa chambre, dans l'intention de n'en pas faire à deux fois; il s'excitait à la fureur, et entra le poignard à la main dans la chambre de la jeune reine. Il ne voulut pourtant point la surprendre, et il lui dit avec beaucoup de respect l'ordre qu'il avait reçu de la reine-mère.

"Do it! do it!" she cried, baring her neck to him; "carry out the order you have been given! Then once more I shall see my children, my poor children that I loved so much!"

Nothing had been said to her when the children were stolen away, and she believed them to be dead.

The poor steward was overcome by compassion. "No, no, Madam," he declared. "You shall not die, but you shall certainly see your children again. That will be in my quarters, where I have hidden them. I shall make the queen eat a young hind in place of you, and thus trick her once more."

-«Faites votre devoir», lui dit-elle, en lui tendant le cou; «exécutez l'ordre qu'on vous a donné; j'irai revoir mes enfants, mes pauvres enfants que j'ai tant aimés»; car elle les croyait morts depuis qu'on les avait enlevés sans rien lui dire.

-«Non, non, Madame, lui répondit le pauvre maître d'hôtel tout attendri, vous ne mourrez point, et vous pourrez revoir vos chers enfants, mais ce sera chez moi où je les ai cachés, et je tromperai encore la reine, en lui faisant manger une jeune biche en votre place.»

Without more ado he led her to his quarters, and leaving her there to embrace and weep over her children, proceeded to cook a hind with such art that the queen mother ate it for her supper with as much appetite as if it had indeed been the young queen.

Il la mena aussitôt à sa chambre, où la laissant embrasser ses enfants et pleurer avec eux, il alla accommoder une biche, que la reine mangea à son souper, avec le même appétit que si c'eût été la jeune reine.

The queen mother felt well satisfied with her cruel deeds, and planned to tell the king, on his return, that savage wolves had devoured his consort and his children.

Elle était bien contente de sa cruauté, et elle se préparait à dire au roi, à son retour, que les loups enragés avaient mangé la reine sa femme et ses deux enfants.

It was her habit, however, to prowl often about the courts and alleys of the mansion, in the hope of scenting raw meat, and one evening she heard the little boy Day crying in a basement cellar. The child was weeping because his mother had threatened to whip him for some naughtiness, and she heard at the same time the voice of Dawn begging forgiveness for her brother.

Un soir qu'elle rôdait comme d'habitude dans les cours et basses-cours du château pour y humer quelque viande fraîche, elle entendit dans une salle basse le petit Jour qui pleurait, parce que la reine sa mère le voulait faire fouetter, parce qu'il avait été méchant, et elle entendit aussi la petite Aurore qui demandait pardon pour son frère.

The ogress recognized the voices of the queen and her children, and was enraged to find she had been tricked. The next morning, in tones so affrighting that all trembled, she ordered a huge vat to be brought into the middle of the courtyard. This she filled with vipers and toads, with snakes and serpents of every kind, intending to cast into it the queen and her children, and the steward with his wife and serving girl. By her command these were brought forward, with their hands tied behind their backs.

L'ogresse reconnut la voix de la reine et de ses enfants, et furieuse d'avoir été trompée, elle commande dès le lendemain au matin, avec une voix épouvantable, qui faisait trembler tout le monde, qu'on apportât au milieu de la cour une grande cuve, qu'elle fit remplir de crapauds, de vipères, de couleuvres et de serpents, pour y faire jeter la reine et ses enfants, le maître d'hôtel, sa femme et sa servante: elle avait donné ordre de les amener les mains liées derrière le dos.

The ogress recognized the voices of the queen and her children, and was enraged to find she had been tricked. The next morning, in tones so affrighting that all trembled, she ordered a huge vat to be brought into the middle of the courtyard. This she filled with vipers and toads,

with snakes and serpents of every kind, intending to cast into it the queen and her children, and the steward with his wife and serving girl. By her command these were brought forward, with their hands tied behind their backs.

Ils étaient là, et les bourreaux se préparaient à les jeter dans la cuve, Lorsque le roi, qu'on n'attendait pas si tôt, entra dans la cour à cheval; il était venu en poste, et demanda tout étonné ce que voulait dire cet horrible spectacle; personne n'osait l'en instruire, quand l'ogresse, enragée de voir ce qu'elle voyait, se jeta elle-même la tête la première dans la cuve, et fut dévorée en un instant par les vilaines bêtes qu'elle y avait fait mettre. Le roi ne put s'empêcher d'en être fâché, car elle était sa mère; mais il s'en consola bientôt avec sa belle femme et ses enfants.

Cendrillon

Once there was a gentleman who married, for his second wife, the proudest and most haughty woman that was ever seen. She had, by a former husband, two daughters of her own, who were, indeed, exactly like her in all things. He had likewise, by another wife, a young daughter, but of unparalleled goodness and sweetness of temper, which she took from her mother, who was the best creature in the world.

Il était une fois un gentilhomme qui épousa en secondes noces une femme, la plus hautaine et la plus fière qu'on eût jamais vue. Elle avait deux filles de son humeur, et qui lui ressemblaient en toutes choses. Le mari avait de son côté une jeune fille, mais d'une douceur et d'une bonté sans exemple; elle tenait cela de sa mère, qui était la meilleure femme du monde.

No sooner were the ceremonies of the wedding over but the stepmother began to show herself in her true colors. She could not bear the good qualities of this pretty girl, and the less because they made her own daughters appear the more odious. She employed her in the meanest work of the house. She scoured the dishes, tables, etc., and cleaned madam's chamber, and those of misses, her daughters. She slept in a sorry garret, on a wretched straw bed, while her sisters slept in fine rooms, with floors all inlaid, on beds of the very newest fashion, and where they had looking glasses so large that they could see themselves at their full length from head to foot.

Les noces ne furent pas plus tôt faites, que la belle-mère fit éclater sa mauvaise humeur; elle ne put souffrir les bonnes qualités de cette jeune enfant, qui rendaient ses filles encore plus haïssables. Elle la chargea des plus viles occupations de la maison: c'était elle qui nettoyait la vaisselle et les montées, qui frottait la chambre de madame, et celles de mesdemoiselles ses filles. Elle couchait tout en haut de la maison, dans un grenier, sur une méchante paillasse, pendant que ses soeurs étaient dans des chambres parquetées, où elles avaient des lits des plus à la mode, et des miroirs où elles se voyaient depuis les pieds jusqu'à la tête.

The poor girl bore it all patiently, and dared not tell her father, who would have scolded her; for his wife governed him entirely. When she had done her work, she used to go to the chimney corner, and sit down there in the cinders and ashes, which caused her to be called Cinderwench. Only the younger sister, who was not so rude and uncivil as the older one, called her Cinderella. However, Cinderella, notwithstanding her coarse apparel, was a hundred times more beautiful than her sisters, although they were always dressed very richly.

La pauvre fille souffrait tout avec patience, et n'osait s'en plaindre à son père qui l'aurait grondée, parce que sa femme le gouvernait entièrement. Lorsqu'elle avait fait son ouvrage, elle s'en allait au coin de la cheminée, et s'asseoir dans les cendres, ce qui faisait qu'on l'appelait communément dans le logis Cucendron. La cadette, qui n'était pas si malhonnête que son aînée, l'appelait Cendrillon; cependant Cendrillon, avec ses méchants habits, ne laissait pas d'être cent fois plus belle que ses soeurs, quoique vêtues très magnifiquement.

It happened that the king's son gave a ball, and invited all persons of fashion to it. Our young misses were also invited, for they cut a very grand figure among those of quality. They were mightily delighted at this invitation, and wonderfully busy in selecting the gowns, petticoats, and hair dressing that would best become them. This was a new difficulty for Cinderella; for it was she who ironed her sister's linen and pleated their ruffles. They talked all day long of nothing but how they should be dressed.

Il arriva que le fils du roi donna un bal, et qu'il y invita toutes les personnes de qualité: nos deux demoiselles en furent aussi invitées, car elles faisaient grande figure dans le pays. Les voilà bien aises et bien occupées à choisir les habits et les coiffures qui leur siéraient le mieux; nouvelle peine pour Cendrillon, car c'était elle qui repassait le linge de ses soeurs et qui godronnait leurs manchettes: on ne parlait que de la manière dont on s'habillerait.

"For my part," said the eldest, "I will wear my red velvet suit with French trimming."

"And I," said the youngest, "shall have my usual petticoat; but then, to make amends for that, I will put on my gold-flowered cloak, and my diamond stomacher, which is far from being the most ordinary one in the world."

-«Moi, dit l'aînée, je mettrai mon habit de velours rouge et ma garniture d'Angleterre.»

-«Moi, dit la cadette, je n'aurai que ma jupe ordinaire; mais par contre, je mettrai mon manteau à fleurs d'or, et ma barrière de diamants, qui n'est pas des plus indifférentes.»

They sent for the best hairdresser they could get to make up their headpieces and adjust their hairdos, and they had their red brushes and patches from Mademoiselle de la Poche.

They also consulted Cinderella in all these matters, for she had excellent ideas, and her advice was always good. Indeed, she even offered her services to fix their hair, which they very willingly accepted.

On envoya chercher la bonne coiffeuse, pour dresser les cornettes à deux rangs, et on fit acheter des mouches de la bonne faiseuse: elles appelèrent Cendrillon pour lui demander son avis, car elle avait bon goût. Cendrillon les conseilla le mieux du monde, et s'offrit même à les coiffer; ce qu'elles voulurent bien.

As she was doing this, they said to her, "Cinderella, would you not like to go to the ball?"

"Alas!" said she, "you only jeer me; it is not for such as I am to go to such a place."

"You are quite right," they replied. "It would make the people laugh to see a Cinderwench at a ball."

En les coiffant, elles lui disaient:

-«Cendrillon, serais-tu bien aise d'aller au bal?»

-«Hélas, mesdemoiselles, vous vous moquez de moi, ce n'est pas là ce qu'il me faut.»

-«Tu as raison, on rirait bien si on voyait un cucendron aller au bal.»

Anyone but Cinderella would have fixed their hair awry, but she was very good, and dressed them perfectly well. They were so excited that they hadn't eaten a thing for almost two days. Then they broke more than a dozen laces trying to have themselves laced up tightly enough to give them a fine slender shape. They were continually in front of their looking glass. At last the happy day came. They went to court, and

Cinderella followed them with her eyes as long as she could. When she lost sight of them, she started to cry.

Une autre que Cendrillon les aurait coiffées de travers; mais elle était bonne, et elle les coiffa parfaitement bien. Elles furent près de deux jours sans manger, tant elles étaient emplies de joie. On rompit plus de douze lacets à force de les serrer pour leur rendre la taille plus menue, et elles étaient toujours devant leur miroir. Enfin l'heureux jour arriva, on partit, et Cendrillon les suivit des yeux le plus longtemps qu'elle put; lorsqu'elle ne les vit plus, elle se mit à pleurer.

Her godmother, who saw her all in tears, asked her what was the matter.

"I wish I could. I wish I could." She was not able to speak the rest, being interrupted by her tears and sobbing.

This godmother of hers, who was a fairy, said to her, "You wish that you could go to the ball; is it not so?"

"Yes," cried Cinderella, with a great sigh.

"Well," said her godmother, "be but a good girl, and I will contrive that you shall go." Then she took her into her chamber, and said to her, "Run into the garden, and bring me a pumpkin."

Sa marraine, qui la vit toute en pleurs, lui demanda ce qu'elle avait:

-«Je voudrais bien... je voudrais bien...»

Elle pleurait si fort qu'elle ne put achever. Sa marraine, qui était fée, lui dit:

-«Tu voudrais bien aller au bal, n'est-ce pas?»

-«Hélas oui» dit Cendrillon en soupirant.

-«Hé bien, seras-tu bonne fille?» dit sa marraine, je t'y ferai aller.

Elle la mena dans sa chambre, et lui dit:

-«Va dans le jardin et apporte-moi une citrouille.»

Cinderella went immediately to gather the finest she could get, and brought it to her godmother, not being able to imagine how this pumpkin could help her go to the ball. Her godmother scooped out all the inside of it, leaving nothing but the rind. Having done this, she struck the pumpkin with her wand, and it was instantly turned into a fine coach, gilded all over with gold.

Cendrillon alla aussitôt cueillir la plus belle qu'elle put trouver, et la porta à sa marraine, ne pouvant deviner comment cette citrouille pourrait la faire aller au bal. Sa marraine la creusa, et n'ayant laissé que l'écorce, la frappa de sa baguette, et la citrouille fut aussitôt changée en un beau carrosse tout doré.

She then went to look into her mousetrap, where she found six mice, all alive, and ordered Cinderella to lift up a little the trapdoor. She gave each mouse, as it went out, a little tap with her wand, and the mouse was that moment turned into a fine horse, which altogether made a very fine set of six horses of a beautiful mouse colored dapple gray.

Ensuite elle alla regarder dans sa souricière, où elle trouva six souris toutes en vie; elle dit à Cendrillon de lever un peu la trappe de la souricière, et à chaque souris qui sortait, elle lui donnait un coup de sa baguette, et la souris était aussitôt changée en un beau cheval; ce qui fit un bel attelage de six chevaux, d'un beau gris de souris pommelé.

Being at a loss for a coachman, Cinderella said, "I will go and see if there is not a rat in the rat trap that we can turn into a coachman."

"You are right," replied her godmother, "Go and look."

Cinderella brought the trap to her, and in it there were three huge rats. The fairy chose the one which had the largest beard, touched him with her wand, and turned him into a fat, jolly coachman, who had the smartest whiskers that eyes ever beheld.

After that, she said to her, "Go again into the garden, and you will find six lizards behind the watering pot. Bring them to me."

Comme elle était en peine de quoi elle ferait un cocher:

-«Je vais voir, dit Cendrillon, s'il n'y a point quelque rat dans la ratière, nous en ferons un cocher.»

-«Tu as raison», dit sa marraine «va voir.»

Cendrillon lui apporta la ratière, où il y avait trois gros rats. La fée en prit un d'entre les trois, à cause de sa maîtresse barbe, et l'ayant touché, il fut changé en un gros cocher, qui avait une des plus belles moustaches qu'on ait jamais vues. Ensuite elle lui dit:

-«Va dans le jardin, tu y trouveras six lézards derrière l'arrosoir, apporte-les-moi.»

She had no sooner done so but her godmother turned them into six footmen, who skipped up immediately behind the coach, with their liveries all bedaubed with gold and silver, and clung as close behind each other as if they had done nothing else their whole lives. The fairy then said to Cinderella, "Well, you see here an equipage fit to go to the ball with; are you not pleased with it?"

"Oh, yes," she cried; "but must I go in these nasty rags?"

Elle ne les eut pas plus tôt apportés, que la marraine les changea en six laquais, qui montèrent aussitôt derrière le carrosse avec leurs habits chamarrés, et qui s'y tenaient accrochés, comme s'ils n'eussent fait autre chose toute leur vie. La fée dit alors à Cendrillon:

-«Hé bien, voilà de quoi aller au bal, n'es-tu pas bien aise?»

-«Oui, mais est-ce que j'irai comme ça avec mes vilains habits?"

Her godmother then touched her with her wand, and, at the same instant, her clothes turned into cloth of gold and silver, all beset with jewels. This done, she gave her a pair of glass slippers, the prettiest in the whole world. Being thus decked out, she got up into her coach; but her godmother, above all things, commanded her not to stay past midnight, telling her, at the same time, that if she stayed one moment longer, the coach would be a pumpkin again, her horses mice, her coachman a rat, her footmen lizards, and that her clothes would become just as they were before.

Sa marraine ne fit que la toucher avec sa baguette, et en même temps ses habits furent changés en des habits de drap d'or et d'argent tout chamarrés de pierreries; elle lui donna ensuite une paire de pantoufles de verre, les plus jolies du monde. Quand elle fut ainsi parée, elle monta en carrosse; mais sa marraine lui recommanda instamment de ne pas dépasser minuit, l'avertissant que si elle demeurait au bal un moment de plus, son carrosse redeviendrait citrouille, ses chevaux des souris, ses laquais des lézards, et que ses vieux habits reprendraient leur première forme.

She promised her godmother to leave the ball before midnight; and then drove away, scarcely able to contain herself for joy. The king's son, who was told that a great princess, whom nobody knew, had arrived, ran out to receive her. He gave her his hand as she alighted from the coach, and led her into the hall, among all the company. There was immediately a profound silence. Everyone stopped dancing, and the

violins ceased to play, so entranced was everyone with the singular beauties of the unknown newcomer.

Nothing was then heard but a confused noise of, "How beautiful she is! How beautiful she is!»

Elle promit à sa marraine qu'elle ne manquerait pas de sortir du bal avant minuit. Elle part, ne se sentant pas de joie. Le fils du roi, qu'on alla avertir qu'il venait d'arriver une grande princesse qu'on ne connaissait point, courut la recevoir; il lui donna la main à la descente du carrosse, et la mena dans la salle où était la compagnie. Il se fit alors un grand silence; on cessa de danser, et les violons ne jouèrent plus, tant on était attentif à contempler les grandes beautés de cette inconnue. On n'entendait qu'un bruit confus:

-«Ha, qu'elle est belle!»

The king himself, old as he was, could not help watching her, and telling the queen softly that it was a long time since he had seen so beautiful and lovely a creature.

All the ladies were busied in considering her clothes and headdress, hoping to have some made next day after the same pattern, provided they could find such fine materials and as able hands to make them.

Le roi même, tout vieux qu'il était, ne lassait pas de la regarder, et de dire tout bas à la reine qu'il y avait longtemps qu'il n'avait vu une si belle et si aimable dame. Toutes les dames étaient attentives à considérer sa coiffure et ses habits, pour en avoir dès le lendemain de semblables, pourvu qu'il se trouvât des étoffes assez belles, et des ouvriers assez habiles.

The king's son led her to the most honorable seat, and afterwards took her out to dance with him. She danced so very gracefully that they all more and more admired her. A fine meal was served up, but the young prince ate not a morsel, so intently was he busied in gazing on her.

She went and sat down by her sisters, showing them a thousand civilities, giving them part of the oranges and citrons which the prince had presented her with, which very much surprised them, for they did not know her. While Cinderella was thus amusing her sisters, she heard the clock strike eleven and three-quarters, whereupon she immediately made a courtesy to the company and hurried away as fast as she could.

Le fils du roi la mit à la place d'honneur, et ensuite la prit pour la mener danser: elle dansa avec tant de grâce, qu'on l'admira encore davantage. On apporta une fort belle collation, dont le jeune prince ne mangea point, tant il était occupé à la contempler. Elle alla s'asseoir auprès de ses soeurs, et leur fit mille honnêtetés: elle leur fit part des oranges et des citrons que le Prince lui avait donnés, ce qui les étonna fort, car elles ne la connaissaient point. Lorsqu'elles causaient ainsi, Cendrillon entendit sonner onze heures trois quarts: elle fit aussitôt une grande révérence à la compagnie, et s'en alla le plus vite qu'elle put.

Arriving home, she ran to seek out her godmother, and, after having thanked her, she said she could not but heartily wish she might go to the ball the next day as well, because the king's son had invited her.

As she was eagerly telling her godmother everything that had happened at the ball, her two sisters knocked at the door, which Cinderella ran and opened.

Dès qu'elle fut arrivée, elle alla trouver sa marraine, et après l'avoir remerciée, elle lui dit qu'elle souhaiterait bien aller encore le lendemain au bal, parce que le fils du roi l'en avait priée. Comme elle était occupée à raconter à sa marraine tout ce qui s'était passé au bal, les deux soeurs frappèrent à la porte; Cendrillon alla leur ouvrir:

"You stayed such a long time!" she cried, gaping, rubbing her eyes and stretching herself as if she had been sleeping; she had not, however, had any manner of inclination to sleep while they were away from home.

"If you had been at the ball," said one of her sisters, "you would not have been tired with it. The finest princess was there, the most beautiful that mortal eyes have ever seen. She showed us a thousand civilities, and gave us oranges and citrons."

-«Que vous avez mis longtemps à revenir!» leur dit-elle en bâillant, en se frottant les yeux, et en s'étendant comme si elle n'eût fait que de se réveiller; elle n'avait cependant pas eu envie de dormir depuis qu'elles s'étaient quittées.

-«Si tu étais venue au bal, lui dit une de ses soeurs, tu ne t'y serais pas ennuyée: il y est venu la plus belle princesse, la plus belle qu'on puisse jamais voir; elle nous a fait mille civilités, elle nous a donné des oranges et des citrons.»

Cinderella seemed very indifferent in the matter. Indeed, she asked them the name of that princess; but they told her they did not know it,

and that the king's son was very uneasy on her account and would give all the world to know who she was.

Cendrillon ne se sentait pas de joie: elle leur demanda le nom de cette princesse; mais elles lui répondirent qu'on ne la connaissait pas, que le fils du roi en était fort en peine, et qu'il donnerait toutes choses au monde pour savoir qui elle était.

At this Cinderella, smiling, replied, "She must, then, be very beautiful indeed; how happy you have been! Could not I see her? Ah, dear Charlotte, do lend me your yellow dress which you wear every day."

"Yes, to be sure!" cried Charlotte; "lend my clothes to such a dirty Cinderwench as you are! I should be such a fool."

Cendrillon sourit et leur dit:

-«Elle était donc bien belle? Mon Dieu, que vous êtes heureuses, ne pourrais-je point la voir? Hélas! Mademoiselle Javotte, prêtez-moi votre habit jaune que vous mettez tous les jours.»

-«Vraiment», dit Mademoiselle Javotte, «je suis de cet avis! Prêtez votre habit à un vilain cucendron comme cela, il faudrait que je fusse bien folle.»

Cinderella, indeed, well expected such an answer, and was very glad of the refusal; for she would have been sadly put to it, if her sister had lent her what she asked for jestingly.

Cendrillon s'attendait bien à ce refus, et elle en fut bien aise, car elle aurait été grandement embarrassée si sa soeur eût bien voulu lui prêter son habit.

The next day the two sisters were at the ball, and so was Cinderella, but dressed even more magnificently than before. The king's son was always by her, and never ceased his compliments and kind speeches to her. All this was so far from being tiresome to her, and, indeed, she quite forgot what her godmother had told her. She thought that it was no later than eleven when she counted the clock striking twelve. She jumped up and fled, as nimble as a deer. The prince followed, but could not overtake her. She left behind one of her glass slippers, which the prince picked up most carefully. She reached home, but quite out of breath, and in her nasty old clothes, having nothing left of all her finery but one of the little slippers, the mate to the one that she had dropped.

Le lendemain les deux soeurs furent au bal, et Cendrillon aussi, mais encore plus parée que la première fois.

Le fils du roi fut toujours auprès d'elle, et ne cessa de lui conter des douceurs; la jeune demoiselle ne s'ennuyait point, et oublia ce que sa marraine lui avait recommandé; de sorte qu'elle entendit sonner le premier coup de minuit, lorsqu'elle ne croyait pas qu'il fût encore onze heures: elle se leva et s'enfuit aussi légèrement qu'aurait fait une biche. Le prince la suivit, mais il ne put l'attraper; elle laissa tomber une de ses pantoufles de verre, que le prince ramassa bien soigneusement. Cendrillon arriva chez elle bien essoufflée, sans carrosse, sans laquais, et avec ses méchants habits, rien ne lui étant resté de toute sa magnificence qu'une de ses petites pantoufles, la pareille de celle qu'elle avait laissée tomber.

The guards at the palace gate were asked if they had not seen a princess go out. They replied that they had seen nobody leave but a young girl, very shabbily dressed, and who had more the air of a poor country wench than a gentlewoman.

When the two sisters returned from the ball Cinderella asked them if they had been well entertained, and if the fine lady had been there.

On demanda aux gardes de la porte du palais s'ils n'avaient point vu sortir une princesse; ils dirent qu'ils n'avaient vu sortir personne, qu'une jeune fille fort mal vêtue, et qui avait plus l'air d'une paysanne que d'une demoiselle. Quand ses deux soeurs revinrent du bal, Cendrillon leur demanda si elles s'étaient encore bien diverties, et si belle dame y avait été.

They told her, yes, but that she hurried away immediately when it struck twelve, and with so much haste that she dropped one of her little glass slippers, the prettiest in the world, which the king's son had picked up; that he had done nothing but look at her all the time at the ball, and that most certainly he was very much in love with the beautiful person who owned the glass slipper.

Elles lui dirent que oui, mais qu'elle s'était enfuie lorsque minuit avait sonné, et si promptement qu'elle avait laissé tomber une de ses petites pantoufles de verre, la plus jolie du monde; que le fils du roi l'avait ramassée, et qu'il n'avait fait que la regarder pendant tout le reste du bal, et qu'assurément il était fort amoureux de la belle dame à qui appartenait la petite pantoufle.

What they said was very true; for a few days later, the king's son had it proclaimed, by sound of trumpet that he would marry her whose foot this slipper would just fit. They began to try it on the princesses,

then the duchesses and all the court, but in vain; it was brought to the two sisters, who did all they possibly could to force their foot into the slipper, but they did not succeed.

Cinderella, who saw all this, and knew that it was her slipper, said to them, laughing, "Let me see if it will not fit me."

Elles dirent vrai, car peu de jours après, le fils du roi fit publier à son de trompe qu'il épouserait celle dont le pied serait bien juste à la pantoufle. On commença à l'essayer aux princesses, ensuite aux duchesses, et à toute la cour, mais inutilement. On la porta chez les deux soeurs, qui firent tout leur possible pour faire entrer leur pied dans la pantoufle, mais elles ne purent en venir à bout. Cendrillon qui les regardait, et qui reconnut sa pantoufle, dit en riant:

-«Que je voie si elle ne me serait pas bonne!»

Her sisters burst out laughing, and began to banter with her. The gentleman who was sent to try the slipper looked earnestly at Cinderella, and, finding her very handsome, said that it was only just that she should try as well, and that he had orders to let everyone try.

Ses soeurs se mirent à rire et à se moquer d'elle. Le gentilhomme qui faisait l'essai de la pantoufle, ayant regardé attentivement Cendrillon, et la trouvant fort belle, dit que cela était juste, et qu'il avait ordre de l'essayer à toutes les filles.

He had Cinderella sit down, and, putting the slipper to her foot, he found that it went on very easily, fitting her as if it had been made of wax. Her two sisters were greatly astonished, but then even more so, when Cinderella pulled out of her pocket the other slipper, and put it on her other foot. Then in came her godmother and touched her wand to Cinderella's clothes, making them richer and more magnificent than any of those she had worn before.

Il fit asseoir Cendrillon, et approchant la pantoufle de son petit pied, il vit qu'elle y entrait sans peine, et qu'elle y était juste comme de cire. L'étonnement des deux soeurs fut grand, mais plus grand encore quand Cendrillon tira de sa poche l'autre petite pantoufle qu'elle mit à son pied. Là-dessus arriva la marraine qui, ayant donné un coup de sa baguette sur les habits de Cendrillon, les fit devenir encore plus magnifiques que tous les autres.

And now her two sisters found her to be that fine, beautiful lady whom they had seen at the ball. They threw themselves at her feet to beg pardon for all the ill treatment they had made her undergo. Cinderella took them up, and, as she embraced them, said that she forgave them with all her heart, and wanted them always to love her.

Alors ses deux soeurs la reconnurent pour la belle dame qu'elles avaient vue au bal. Elles se jetèrent à ses pieds pour lui demander pardon de tous les mauvais traitements qu'elles lui avaient fait souffrir. Cendrillon les releva, et leur dit, en les embrassant, qu'elle leur pardonnait de bon coeur, et qu'elle les priait de l'aimer bien toujours.

She was taken to the young prince, dressed as she was. He thought she was more charming than before, and, a few days after, married her. Cinderella, who was no less good than beautiful, gave her two sisters lodgings in the palace, and that very same day matched them with two great lords of the court.

On la mena chez le jeune prince, parée comme elle était: il la trouva encore plus belle que jamais, et peu de jours après il l'épousa. Cendrillon, qui était aussi bonne que belle, fit loger ses deux soeurs au palais, et les maria dès le jour même à deux grands seigneurs de la cour.

Le Chat Botté

There was a miller whose only inheritance to his three sons was his mill, his donkey, and his cat. The division was soon made. They hired neither a clerk nor an attorney, for they would have eaten up all the poor patrimony. The eldest took the mill, the second the donkey, and the youngest nothing but the cat.

Un meunier ne laissa pour tous biens à trois enfants qu'il avait, que son moulin, son âne et son chat. Les partages furent bientôt faits, ni le notaire, ni le procureur n'y furent point appelés. Ils auraient eu bientôt mangé tout le pauvre patrimoine. L'aîné eut le moulin, le second eut l'âne, et le plus jeune n'eut que le chat.

The poor young fellow was quite comfortless for having received so little. "My brothers," said he, "may make a handsome living by joining their shares together; but, for my part, after I have eaten up my cat, and made myself a muff from his skin, I must then die of hunger."

Ce dernier ne pouvait se consoler d'avoir un si pauvre lot:

-«Mes frères, disait-il, pourront gagner leur vie honnêtement en se mettant ensemble; quant à moi, lorsque j'aurai mangé mon chat, et que je me serai fait un manchon de sa peau, il faudra que je meure de faim.»

The cat, who heard all this, but pretended otherwise, said to him with a grave and serious air, "Do not be so concerned, my good master. If you will but give me a bag, and have a pair of boots made for me, that I may scamper through the dirt and the brambles, then you shall see that you are not so poorly off with me as you imagine."

Le chat qui entendait ce discours, mais qui n'en fit pas semblant, lui dit d'un air posé et sérieux:

-«Ne vous affligez point, mon maître, vous n'avez qu'à me donner un sac, et me faire faire une paire de bottes pour aller dans les broussailles, et vous verrez que vous n'êtes pas si mal partagé que vous croyez.»

The cat's master did not build very much upon what he said. However, he had often seen him play a great many cunning tricks to catch rats and mice, such as hanging by his heels, or hiding himself in the meal, and pretending to be dead; so he did take some hope that he might give him some help in his miserable condition.

Quoique le maître du chat n'y croyait guère, il lui avait vu faire tant de tours de souplesse, pour prendre des rats et des souris, comme quand il se pendait par les pieds, ou qu'il se cachait dans la farine pour faire le mort, qu'il ne désespéra pas d'en être secouru dans sa misère.

After receiving what he had asked for, the cat gallantly pulled on the boots and slung the bag about his neck. Holding its drawstrings in his forepaws, he went to a place where there was a great abundance of rabbits. He put some bran and greens into his bag, then stretched himself out as if he were dead. He thus waited for some young rabbits, not yet acquainted with the deceits of the world, to come and look into his bag.

Lorsque le chat eut ce qu'il avait demandé, il se botta bravement et, mettant son sac à son cou, il en prit les cordons avec ses deux pattes de devant, et s'en alla dans une garenne où il y avait grand nombre de lapins. Il mit du son et des lasserons dans son sac, et s'étendant comme s'il eût été mort, il attendit que quelque jeune lapin peu instruit encore des ruses de ce monde, vint se fourrer dans son sac pour manger ce qu'il y avait mis.

He had scarcely lain down before he had what he wanted. A rash and foolish young rabbit jumped into his bag, and the master cat, immediately closed the strings, then took and killed him without pity.

À peine fut-il couché, qu'il eut satisfaction; un jeune étourdi de lapin entra dans son sac, et le maître chat tirant aussitôt les cordons le prit et le tua sans miséricorde.

Proud of his prey, he went with it to the palace, and asked to speak with his majesty. He was shown upstairs into the king's apartment, and, making a low bow, said to him, "Sir, I have brought you a rabbit from my noble lord, the Master of Carabas" (for that was the title which the cat was pleased to give his master).

"Tell your master," said the king, "that I thank him, and that I am very pleased with his gift."

Tout fier de sa proie, il s'en alla chez le roi et demanda à lui parler. On le fit monter à l'appartement de sa majesté où, étant entré il fit une grande révérence au roi, et lui dit:

-«Voilà, sire, un lapin de garenne que monsieur le Marquis de Carabas (c'était le nom qu'il lui prit en gré de donner à son maître), m'a chargé de vous présenter de sa part.»

-«Dis à ton maître, répondit le roi, que je le remercie, et qu'il me fait plaisir.»

Another time he went and hid himself in a grain field. He again held his bag open, and when a brace of partridges ran into it, he drew the strings, and caught them both. He presented these to the king, as he had done before with the rabbit. The king, in like manner, received the partridges with great pleasure, and gave him a tip. The cat continued, from time to time for two or three months, to take game to his majesty from his master.

Une autre fois, il alla se cacher dans du blé, tenant toujours son sac ouvert; et lorsque deux perdrix y furent entrées, il tira les cordons, et les prit toutes deux. Il alla ensuite les présenter au roi, comme il avait fait avec le lapin de garenne. Le roi reçut encore avec plaisir les deux perdrix, et lui fit donner à boire. Le chat continua ainsi pendant deux ou trois mois à porter de temps en temps au roi du gibier de la chasse de son maître.

One day, when he knew for certain that the king would be taking a drive along the riverside with his daughter, the most beautiful princess in the world, he said to his master, "If you will follow my advice your fortune is made. All you must do is to go and bathe yourself in the river at the place I show you, then leave the rest to me."

The Marquis of Carabas did what the cat advised him to, without knowing why. While he was bathing the king passed by, and the cat began to cry out, "Help! Help! My Lord Marquis of Carabas is going to be drowned."

Un jour qu'il sut que le roi devait aller à la promenade sur le bord de la rivière avec sa fille, la plus belle princesse du monde, il dit à son maître:

-«Si vous voulez suivre mon conseil, votre fortune est faite; vous n'avez qu'à vous baigner dans la rivière à l'endroit que je vous montrerai, et ensuite me laisser faire.» Le Marquis de Carabas fit ce que son chat lui conseillait, sans savoir à quoi cela serait bon. Pendant qu'il se baignait, le roi vint à passer, et le chat se mit à crier de toute ses forces:

-«Au secours, au secours, voilà Monsieur le Marquis de Carabas qui se noie!»

At this noise the king put his head out of the coach window, and, finding it was the cat who had so often brought him such good game, he commanded his guards to run immediately to the assistance of his lordship the Marquis of Carabas. While they were drawing the poor Marquis out of the river, the cat came up to the coach and told the king that, while his master was bathing, some rogues had come by and stolen his clothes, even though he had cried out, "Thieves! Thieves!" several times, as loud as he could. In truth, the cunning cat had hidden the clothes under a large stone.

A ce cri, le roi mit la tête à la portière, et, reconnaissant le chat qui lui avait apporté tant de fois du gibier, il ordonna à ses gardes qu'on allât vite au secours de Monsieur le Marquis de Carabas. Pendant qu'on retirait le pauvre marquis de la rivière, le chat s'approcha du carrosse, et dit au roi que dans le temps que son maître se baignait, il était venu des voleurs qui avaient emporté ses habits, quoiqu'il eût crié au voleur de toute ses forces; le drôle les avait cachés sous une grosse pierre.

The king immediately commanded the officers of his wardrobe to run and fetch one of his best suits for the Lord Marquis of Carabas.

The king received him very courteously. And, because the king's fine clothes gave him a striking appearance (for he was very handsome and well proportioned), the king's daughter took a secret inclination to him. The Marquis of Carabas had only to cast two or three respectful and somewhat tender glances at her but she fell head over heels in love with him.

Le roi ordonna aussitôt aux officiers de sa garde-robe d'aller chercher un de ses plus beaux habits pour monsieur le Marquis de Carabas. Le roi lui fit mille caresses, et comme les beaux habits qu'on venait de lui donner relevaient sa bonne mine (car il était beau, et bien fait de sa personne), la fille du roi le trouva fort à son gré, et le Marquis de Carabas ne lui eut pas jeté deux ou trois regards fort respectueux, et un peu tendres, qu'elle en devint amoureuse à la folie.

The king asked him to enter the coach and join them on their drive.

The cat, quite overjoyed to see how his project was succeeding, ran on ahead. Meeting some countrymen who were mowing a meadow, he said to them, "My good fellows, if you do not tell the king that the meadow

you are mowing belongs to my Lord Marquis of Carabas, you shall be chopped up like mincemeat."

Le roi voulut qu'il montât dans son carrosse, et qu'il fût de la promenade. Le chat ravi de voir que son dessein commençait à réussir, prit les devants, et ayant rencontré des paysans qui fauchaient un pré, il leur dit:

-«Bonnes gens qui fauchez, si vous ne dites au roi que le pré que vous fauchez appartient à Monsieur le Marquis de Carabas, vous serez tous hachés menu comme chair à pâté.»

The king did not fail to ask the mowers whose meadow it was that they were mowing.

"It belongs to my Lord Marquis of Carabas," they answered altogether, for the cat's threats had frightened them.

"You see, sir," said the Marquis, "this is a meadow which never fails to yield a plentiful harvest every year."

Le roi ne manqua pas à demander aux faucheurs à qui était ce pré qu'ils fauchaient.

-«C'est à Monsieur le Marquis de Carabas», dirent-ils tous ensemble, car la menace du chat leur avait fait peur.

-«Vous avez là un bel héritage, dit le roi au Marquis de Carabas.»

-«Vous voyez, sire, répondit le marquis, c'est un pré qui ne manque point de rapporter abondamment toutes les années.»

The master cat, still running on ahead, met with some reapers, and said to them, "My good fellows, if you do not tell the king that all this grain belongs to the Marquis of Carabas, you shall be chopped up like mincemeat."

The king, who passed by a moment later, asked them whose grain it was that they were reaping.

"It belongs to my Lord Marquis of Carabas," replied the reapers, which pleased both the king and the marquis. The king congratulated him for his fine harvest.

Le maître chat, qui allait toujours devant, rencontra des moissonneurs, et leur dit:

-«Bonnes gens qui moissonnez, si vous ne dites que tous ce blé appartient à Monsieur le Marquis de Carabas, vous serez tous hachés menu comme chair à pâté.»

Le roi, qui passa un moment après, voulut savoir à qui appartenaient tout ce blé qu'il voyait.

-«C'est à monsieur le Marquis de Carabas», répondirent les moissonneurs, et le roi s'en réjouit encore avec le marquis.

The master cat continued to run ahead and said the same words to all he met. The king was astonished at the vast estates of the Lord Marquis of Carabas.

Le chat, qui allait devant le carrosse, disait toujours la même chose à tous ceux qu'il rencontrait; et le roi était étonné des grands biens de monsieur le Marquis de Carabas.

The master cat came at last to a stately castle, the lord of which was an ogre, the richest that had ever been known. All the lands which the king had just passed by belonged to this castle. The cat, who had taken care to inform himself who this ogre was and what he could do, asked to speak with him, saying he could not pass so near his castle without having the honor of paying his respects to him.

Le maître chat arriva enfin dans un beau château dont le maître était un ogre, le plus riche qu'on ait jamais vu, car toutes les terres par où le roi avait passé étaient sous la dépendance de ce château. Le chat, qui eut soin de s'informer qui était cet ogre, et ce qu'il savait faire, demanda à lui parler, disant qu'il n'avait pas voulu passer si près de son château, sans avoir l'honneur de lui faire la révérence.

The ogre received him as civilly as an ogre could do, and invited him to sit down. "I have heard," said the cat, "that you are able to change yourself into any kind of creature that you have a mind to. You can, for example, transform yourself into a lion, an elephant, or the like."

"That is true," answered the ogre very briskly; "and to convince you, I shall now become a lion."

L'ogre le reçut aussi civilement que le peut un ogre, et le fit reposer.

-«On m'a assuré, dit le chat, que vous aviez le don de vous changer en toute sorte d'animaux, que vous pouviez, par exemple, vous transformer en lion, en éléphant? -»Cela est vrai, répondit l'ogre brusquement, et pour vous le montrer, vous allez me voir devenir lion.»

The cat was so terrified at the sight of a lion so near him that he leaped onto the roof, which caused him even more difficulty, because his boots were of no use at all to him in walking on the tiles. However, the ogre resumed his natural form, and the cat came down, saying that he had been very frightened indeed.

Le chat fut si effrayé de voir un lion devant lui, qu'il gagna aussitôt les gouttières, non sans peine et sans péril, car ses bottes ne valaient rien pour marcher sur les tuiles. Quelques temps après le chat, ayant vu que l'ogre avait quitté sa première forme, descendit, et avoua qu'il avait eu bien peur.

"I have further been told," said the cat, "that you can also transform yourself into the smallest of animals, for example, a rat or a mouse. But I can scarcely believe that. I must admit to you that I think that that would be quite impossible."

"Impossible!" cried the ogre. "You shall see!"

He immediately changed himself into a mouse and began to run about the floor. As soon as the cat saw this, he fell upon him and ate him up.

-«On m'a assuré encore, dit le chat, mais je ne saurais le croire, que vous aviez aussi le pouvoir de prendre la forme des plus petits animaux, par exemple, de vous changer en un rat, en une souris; je vous avoue que je tiens cela tout à fait impossible.»

-«Impossible? reprit l'ogre, vous allez voir», et aussitôt il se changea en une souris qui se mit à courir sur le plancher. Le chat ne l'eut pas plus tôt aperçue qu'il se jeta dessus et la mangea.

Meanwhile the king, who saw this fine castle of the ogre's as he passed, decided to go inside. The cat, who heard the noise of his majesty's coach running over the drawbridge, ran out and said to the king, "Your majesty is welcome to this castle of my Lord Marquis of Carabas."

"What! My Lord Marquis," cried the king, "and does this castle also belong to you? There can be nothing finer than this court and all the stately buildings which surround it. Let us go inside, if you don't mind."

Cependant le roi, qui vit en passant le beau château de l'ogre, voulut y entrer. Le chat, qui entendit le bruit du carrosse qui passait sur le pont-levis, courut au-devant, et dit au roi: ''Votre majesté soit la bienvenue dans le château de Monsieur le Marquis de Carabas.

-«Comment Monsieur le Marquis, s'écria le roi, ce château est encore à vous! Il n'y a rien de plus beau que cette cour et que tous ces bâtiments qui l'environnent: voyons-en l'intérieur, s'il vous plaît.»

The marquis gave his hand to the princess, and followed the king, who went first. They passed into a spacious hall, where they found a magnificent feast, which the ogre had prepared for his friends, who were coming to visit him that very day, but dared not to enter, knowing the king was there.

Le marquis donna la main à la jeune princesse, et suivant le roi qui montait le premier, ils entrèrent dans une grande salle où ils trouvèrent une magnifique collation que l'ogre avait fait préparer pour ses amis qui devaient venir le voir ce même jour, mais qui n'avaient pas osé entrer, sachant que le roi y était.

His majesty was perfectly charmed with the good qualities of my Lord Marquis of Carabas, as was his daughter, who had fallen violently in love with him, and, seeing the vast estate he possessed, said to him, after having drunk five or six glasses, "It will be your own fault, my Lord Marquis, if you do not become my son-in-law."

Le roi, charmé des bonnes qualités de monsieur le Marquis de Carabas, de même que sa fille qui en était folle, et voyant les grands biens qu'il possédait, lui dit, après avoir bu cinq ou six coupes:

-«Il ne tiendra qu'à vous, Monsieur le Marquis, que vous ne soyez mon gendre.»

The marquis, making several low bows, accepted the honor which his majesty conferred upon him, and forthwith, that very same day, married the princess.

The cat became a great lord, and never again ran after mice, except for entertainment.

Le marquis, faisant de grandes révérences, accepta l'honneur que lui faisait le roi; et le même jour épousa la princesse. Le chat devint grand seigneur, et ne courut plus après les souris que pour se divertir.

Les Fees

Once upon a time there was a widow who had two daughters. The elder was often mistaken for her mother, so like her was she both in nature and in looks. Both of them were so disagreeable and arrogant that no one could live with them.

The younger girl, who was a true likeness of her father in the gentleness and sweetness of her disposition, was also one of the most beautiful girls imaginable. The mother doted on the elder daughter naturally enough, since she resembled her so closely; and she disliked the younger one just as intensely. She made her eat all her meals in the kitchen and work from morning till night.

Il était une fois une veuve qui avait deux filles: l'aînée lui ressemblait si fort d'humeur et de visage, que, qui la voyait, voyait la mère. Elles étaient toutes deux si désagréables et si orgueilleuses, qu'on ne pouvait vivre avec elles. La cadette, qui était le vrai portrait de son père pour la douceur et l'honnêteté, était avec cela une des plus belles filles qu'on eût su voir. Comme on aime naturellement son semblable, cette mère était folle de sa fille aînée, et, en même temps avait une aversion effroyable pour la cadette. Elle la faisait manger à la cuisine et travailler sans cesse.

One of the poor child's many duties was to go twice a day and draw water from a spring a good half mile away, bringing it back in a large pitcher. One day when she was at the spring an old woman came up and begged for a drink.

"Why, certainly, good mother," said the beautiful girl. Rinsing the pitcher, she drew some water from the cleanest part of the spring and handed it to her, lifting up the pitcher so that she might drink more easily.

Il fallait, entre autres choses, que cette pauvre enfant allât, deux fois le jour, puiser de l'eau à une grande demi-lieue du logis, et qu'elle rapportât plein une grande cruche. Un jour qu'elle était à cette fontaine, il vint à elle une pauvre femme qui lui pria de lui donner à boire.

-«Oui-dà, ma bonne mère,» dit cette belle fille; et, rinçant aussitôt sa cruche, elle puisa de l'eau au plus bel endroit de la fontaine et la lui présenta, soutenant toujours la cruche, afin qu'elle bût plus aisément.

Now this old woman was a fairy, who had taken the form of a poor peasant woman to see just how far the girl's good nature would go. "You are so beautiful," she said, when she had finished drinking, "and so polite, that I am determined to bestow a gift upon you. I grant you," the fairy continued, "that with every word you speak, a flower or a precious stone shall fall from your mouth."

La bonne femme, ayant bu, lui dit: « Vous êtes si belle, si bonne et si honnête, que je ne puis m'empêcher de vous faire un don; car c'était une fée qui avait pris le forme d'une pauvre femme de village, pour voir jusqu'où irait l'honnêteté de cette jeune fille. Je vous donne pour don, poursuivit la fée, qu'à chaque parole que vous direz, il vous sortira de la bouche ou une fleur, ou une pierre précieuse. «

When the beautiful girl arrived at home, her mother scolded her for staying so long at the spring.

"I beg your pardon, mother," said the poor child, "for having taken so long," and as she spoke these words, two roses, two pearls, and two large diamonds fell from her mouth.

"What am I seeing?" cried her mother. "I do believe that I saw pearls and diamonds dropping out of your mouth? What have you been doing, my daughter?" (This was the first time she had ever called her her daughter.)

The poor child related what had happened, scattering countless diamonds as she spoke.

Lorsque cette belle fille arriva au logis, sa mère la gronda de revenir si tard de la fontaine. « Je vous demande pardon, ma mère, dit cette pauvre fille, d'avoir tardé si longtemps «; et, en disant ces mots, il lui sortit de la bouche deux roses, deux perles et deux gros diamants. « Que vois-je là! dit sa mère toute étonnée; je crois qu'il lui sort de la bouche des perles et des diamants. D'où vient cela, ma fille? (Ce fut là la première fois qu'elle l'appela sa fille.) La pauvre enfant lui raconta naïvement tout ce qui lui était arrivé, non sans jeter une infinité de diamants.

"Indeed!" cried her mother. "I must send my own daughter there. Come here, Fanchon. Look what comes out of your sister's mouth whenever she speaks! Wouldn't you like to be able to do the same thing? All you have to do is to go and draw some water at the spring, and when a poor woman asks you for a drink, give it to her very nicely."

"You want to see me going to the spring?" replied the ill-mannered girl.

"I am telling you that you are to go," replied the mother, "and this very instant!"

« Vraiment, dit la mère, il faut que j'y envoie ma fille. Tenez, Fanchon, voyez ce qui sort de la bouche de votre sœur quand elle parle; ne seriez-vous pas bien aise d'avoir le même don? Vous n'avez qu'à aller puiser de l'eau à la fontaine, et, quand une pauvre femme vous demandera à boire, lui en donner bien honnêtement. - Il me ferait beau voir, répondit la brutale, aller à la fontaine! - Je veux que vous y alliez, reprit la mère, et tout à l'heure. «

Very sulkily the girl went out taking with her the best silver flask in the house. No sooner had she reached the spring than she saw a magnificently dressed lady, who came out of the woods towards her and asked for a drink. This was the same fairy who had appeared to her sister, but she was now disguised as a princess in order to see how far this girl's bad manners would go.

"Do you think I have come here just to get you a drink?" she said the rude girl arrogantly. "Do you think I brought a silver flask here just to give madam a drink? Yes, that's just what I think! Have a drink, if you must!"

Elle y alla, mais toujours en grondant. Elle prit le plus beau flacon d'argent qui fut au logis. Elle ne fut pas plus tôt arrivée à la fontaine, qu'elle vit sortir du bois une dame magnifiquement vêtue, qui vint lui demander à boire. C'était la même fée qui avait apparu à sa sœur, mais qui avait pris l'air et les habits d'une princesse, pour voir jusqu'où irait la malhonnêteté de cette fille. « Est-ce que je suis ici venue, lui dit cette brutale orgueilleuse, pour vous donner à boire? Justement j'ai apporté un flacon d'argent tout exprès pour donner à boire à Madame! J'en suis d'avis: buvez à même si vous voulez.

"You are not very polite," replied the fairy, showing no anger. "Very well! In return for your lack of courtesy I grant that for every word you speak a snake or a toad shall drop out of your mouth."

As soon as her mother saw her returning she cried out, "Well, daughter!"

"Well, mother?" replied the rude girl. As she spoke two vipers and two toads fell from her mouth.

"Heavens!" cried the mother. "What do I see? Her sister is the cause of this. She will pay for it!"

-«Vous n'êtes guère honnête, reprit la fée, sans se mettre en colère. Eh bien! puisque vous êtes si peu obligeante, je vous donne pour don qu'à chaque parole que vous direz, il vous sortira de la bouche ou un serpent, ou un crapaud.»

D'abord que sa mère l'aperçut, elle lui cria: «Eh bien! ma fille! - Eh bien! ma mère! lui répondit la brutale, en jetant deux vipères et deux crapauds. -O ciel, s'écria la mère, que vois-je là? C'est sa sœur qui est en cause: elle me le paiera»;

Off she ran to beat her, but the poor child ran off and escaped into the woods nearby. The king's son met her on his way home from hunting, and noticing how beautiful she was, he asked her what she was doing there all alone, and why she was crying.

"Alas, sir, my mother has driven me from home."

As she spoke the king's son saw five or six pearls and as many diamonds fall from her mouth. He begged her to tell him how this came about, and she told him the whole story.

The king's son fell in love with her, and considering that such a gift as had been bestowed upon her was worth more than any dowry that he might receive from someone else, he took her to his father's royal palace, where he married her.

Et aussitôt elle courut pour la battre. La pauvre enfant s'enfuit et alla se sauver dans la forêt prochaine. Le fils du roi, qui revenait de la chasse, al rencontra et, la voyant si belle, lui demanda ce qu'elle faisait là toute seule et ce qu'elle avait à pleurer! « Hélas, Monsieur, c'est ma mère qui m'a chassée du logis. « Le fils du roi, qui vit sortir de sa bouche cinq ou six perles et autant de diamants, lui pria de lui dire d'où cela lui venait. Elle lui conta toute son aventure. Le fils du roi en devint amoureux; et, considérant qu'un tel don valait mieux que tout ce qu'on pouvait donner en mariage à une autre, l'emmena au palais du roi son père, où il l'épousa.

As for her sister, she made herself so hateful that her own mother drove her out of the house. No one would take in the miserable girl, so at last she went into a corner of the woods and died.

Pour sa sœur, elle se fit tant haïr, que sa propre mère la chassa de chez elle; et la malheureuse, après avoir bien couru sans trouver personne qui voulut la recevoir, alla mourir au coin d'un bois.

Peau d'Ane

Once upon a time there was a King, so great, so beloved by his people, and so respected by all his neighbours and allies that one might almost say he was the happiest monarch alive. His good fortune was made even greater by the choice he had made for wife of a Princess as beautiful as she was virtuous, with whom he lived in perfect happiness. Now, of this chaste marriage was born a daughter endowed with so many gifts that they had no regret because other children were not given to them.

Il était une fois un roi si grand, si aimé de ses peuples, si respecté de tous ses voisins et de ses alliés, qu'on pouvait dire qu'il était le plus heureux de tous les monarques. Son bonheur était encore confirmé par le choix qu'il avait fait d'une princesse aussi belle que vertueuse; et ces heureux époux vivaient dans une union parfaite. De leur mariage était née une fille, douée de tant de grâce et de charmes, qu'ils ne regrettaient pas de n'avoir pas une plus ample lignée.

Magnificence, good taste, and abundance reigned in the palace; there were wise and clever ministers, virtuous and devoted courtiers, faithful and diligent servants. The spacious stables were filled with the most beautiful horses in the world, and coverts of rich caparison; but what most astonished strangers who came to admire them was to see, in the finest stall, a master donkey, with great long ears.

La magnificence, le goût et l'abondance régnaient dans son palais; les ministres étaient sages et habiles; les courtisans, vertueux et attachés; les domestiques, fidèles et laborieux; les écuries, vastes et remplies des plus beaux chevaux du monde, couverts de riches caparaçons: mais ce qui étonnait les étrangers qui venaient admirer ces belles écuries, c'est qu'au lieu le plus apparent un maître d'âne étalait de longues et grandes oreilles.

Now, it was not for a whim but for a good reason that the King had given this donkey a particular and distinguished place. The special qualities of this rare animal deserved the distinction, since nature had made it in so extraordinary a way that its litter, instead of being like that of other donkeys, was covered every morning with an abundance of beautiful golden crowns, and golden louis of every kind, which were collected daily.

Ce n'était pas par fantaisie, mais avec raison, que le roi lui avait donné une place particulière et distinguée. Les vertus de ce rare animal méritaient cette distinction, puisque la nature l'avait formé si extraordinaire, que sa litière, au lieu d'être malpropre, était couverte, tous les matins, avec profusion, de beaux écus au soleil, et de louis d'or de toute espèce, qu'on allait recueillir à son réveil.

Since the vicissitudes of life wait on Kings as much as on their subjects, and good is always mingled with ill, it so befell that the Queen was suddenly attacked by a fatal illness, and, in spite of science, and the skill of the doctors, no remedy could be found.

Or, comme les vicissitudes de la vie s'étendent aussi bien sur les rois que sur les sujets, et que toujours les biens sont mêlés de quelques maux, le ciel permit que la reine fût tout à coup attaquée d'une âpre maladie, pour laquelle, malgré la science et l'habileté des médecins, on ne put trouver aucun secours.

There was great mourning throughout the land. The King who, notwithstanding the famous proverb, that marriage is the tomb of love, was deeply attached to his wife, was distressed beyond measure and made fervent vows to all the temples in his kingdom, and offered to give his life for that of his beloved consort; but he invoked the gods and the Fairies in vain.

La désolation fut générale roi, sensible et amoureux, malgré le proverbe fameux qui dit que le mariage est le tombeau de l'amour, s'affligeait sans modération, faisait des voeux ardents à tous les temples de son royaume, offrait sa vie pour celle d'une épouse si chère, mais les dieux et les fées étaient invoqués en vain.

The Queen, feeling her last hour approach, said to her husband, who was dissolved in tears: "It is well that I should speak to you of a certain matter before I die: if, perchance, you should desire to marry again. ..." At these words the King broke into piteous cries, took his wife's hands in his own, and assured her that it was useless to speak to him of a second marriage.

La reine, sentant sa dernière heure approcher, dit à son époux qui fondait en larmes:

-Trouvez bon, avant que je meure, que j'exige une chose de vous: C'est que s'il vous prenait envie de vous remarier...

"No, my dear spouse," he said at last, "speak to me rather of how I may follow you."

"The State," continued the Queen with a finality which but increased the laments of the King, "the State demands successors, and since I have only given you a daughter, it will urge you to beget sons who resemble you; but I ask you earnestly not to give way to the persuasions of your people until you have found a Princess more beautiful and more perfectly fashioned than I. I beg you to swear this to me, and then I shall die content."

Non, non, dit-il enfin, ma chère reine, parlez moi plutôt de vous suivre. L'État, reprit la reine avec une fermeté qui augmentait les regrets de ce prince, l'État doit exiger des successeurs, et, comme je ne vous ai donné qu'une fille, vous pressait d'avoir des fils qui vous ressemblent: mais je vous demande instamment, par tout l'amour que vous avez eu pour moi, de ne céder à l'empressement de vos peuples que lorsque vous aurez trouvé une princesse plus belle et mieux faite que moi; j'en veux votre serment, et alors je mourrai contente.

Per chance, the Queen, who did not lack self-esteem, exacted this oath firmly believing that there was not her equal in the world, and so felt assured that the King would never marry again. Be this as it may, at length she died, and never did husband make so much lamentation; the King wept and sobbed day and night, and the punctilious fulfilment of the rites of widower-hood, even the smallest, was his sole occupation.

On présume que la reine, qui ne manquait pas d'amour-propre, avait exigé ce serment, ne croyant pas qu'il fût au monde personne qui pût l'égaler, pensant bien que c'était s'assurer que le roi ne se remarierait jamais. Enfin elle mourut. Jamais mari ne fit tant de vacarme: pleurer, sangloter jour et nuit, menus droits du veuvage, furent son unique occupation.

But even great griefs do not last for ever. After a time the magnates of the State assembled and came to the King, urging him to take another wife. At first this request seemed hard to him and made him shed fresh tears. He pleaded the vows he had made to the Queen, and defied his counsellors to find a Princess more beautiful and better fashioned than was she, thinking this to be impossible. But the Council treated the promise as a trifle, and said that it mattered little about beauty if the

Queen were but virtuous and fruitful. For the State needed Princes for its peace and prosperity, and though, in truth, the Princess, his daughter, had all the qualities requisite for making a great Queen, yet of necessity she must choose an alien for her husband, and then the stranger would take her away with him. If, on the other hand, he remained in her country and shared the throne with her, their children would not be considered to be of pure native stock, and so, there being no Prince of his name, neighbouring peoples would stir up wars, and the kingdom would be ruined.

Les grandes douleurs ne durent pas. D'ailleurs, les grands de l'État s'assemblèrent, et vinrent en corps prier le roi de se remarier. Cette première proposition lui parut dure, et lui fit répandre de nouvelles larmes. Il allégua le serment qu'il avait fait à la reine, défiant tous ses conseillers de pouvoir trouver une princesse plus belle et mieux faite que feu sa femme, pensant que cela était impossible.

Mais le conseil traita de babiole une telle promesse et dit qu'il importait peu de la beauté, pourvu qu'une reine fût vertueuse; que l'État demandait des princes pour son repos et sa tranquillité; qu'à la vérité, l'Infante avait toutes les qualités requises pour faire une grande reine, mais qu'il fallait lui choisir un époux; et qu'alors ou cet étranger l'emmènerait chez lui, ou que, s'il régnait avec elle, ses enfants ne seraient plus réputés du même sang; et que, n'y ayant point de prince de son nom, les peuples voisins pourraient lui susciter des guerres qui entraîneraient la ruine du royaume.

The King, impressed by these considerations, promised that he would think over the matter. And so search was made among all the marriageable Princesses for one that would suit him.

Le roi, frappé de ces considérations, promit qu'il songerait à les contenter. Effectivement, il chercha, parmi les princesses à marier, qui serait celle qui pourrait lui convenir.

Every day charming portraits were brought him, but none gave promise of the beauty of his late Queen; instead of coming to a decision he brooded over his sorrow until in the end his reason left him. In his delusions he imagined himself once more a young man; he thought the Princess his daughter, in her youth and beauty, was his Queen as he had known her in the days of their courtship, and living thus in the past he urged the unhappy girl to speedily become his bride.

Chaque jour on lui apportait des portraits charmants, mais aucun n'avait les grâces de la feue reine: ainsi il ne se déterminait point.. Malheureusement il s'avisa de trouver que l'Infante surpassait encore de beaucoup la reine sa mère en esprit et en agréments. Sa jeunesse, l'agréable fraîcheur de ce beau teint enflammèrent le roi d'un ton si violent, qu'il ne put le cacher à l'Infante, et il lui dit qu'il avait résolu de l'épouser, puisqu'elle seule pouvait le dégager de son serment.

The young Princess, who was virtuous and chaste, threw herself at the feet of the King her father and conjured him, with all the eloquence she could command, not to constrain her to consent to his unnatural desire.

La jeune princesse, remplie de vertu et de pudeur, pensa s'évanouir à cette horrible proposition. Elle se jeta aux pieds du roi son père, et le conjura, avec toute la force qu'elle pût trouver dans son esprit, de ne la pas contraindre à commettre un tel crime.

The King, in his madness, could not understand the reason of her desperate reluctance, and asked an old Druid-priest to set the conscience of the Princess at rest. Now this Druid, less religious than ambitious, sacrificed the cause of innocence and virtue to the favour of so great a monarch, and instead of trying to restore the King to his right mind, he encouraged him in his delusion.

Le roi, qui s'était mis en tête ce bizarre projet, avait consulté un vieux druide pour mettre la conscience de la princesse en repos. Ce druide, moins religieux qu'ambitieux, sacrifia, à l'honneur d'être confident d'un grand roi, l'intérêt et l'innocence et de la vertu, et s'insinua avec tant d'adresse dans l'esprit du roi, lui adoucit tellement le crime qu'il allait commettre, qu'il lui persuada même que c'était une oeuvre pie que d'épouser sa fille.

The young Princess, beside herself with misery, at last bethought her of the Lilac-fairy, her godmother; determined to consult her, she set out that same night in a pretty little carriage drawn by a great sheep who knew all the roads. When she arrived the Fairy, who loved the Princess, told her that she knew all she had come to say, but that she need have no fear, for nothing would harm her if only she faithfully fulfilled the Fairy's injunctions.

La jeune princesse, outrée d'une vive douleur, n'imagina rien d'autre chose que d'aller trouver la Fée des Lilas, sa marraine. Pour cet effet, elle partit la même nuit dans un joli cabriolet attelé d'un gros mouton qui savait tous les chemins. Elle y arriva heureusement. La fée, qui aimait l'Infante, lui dit qu'elle savait tout ce qu'elle venait lui dire, mais qu'elle n'eût aucun souci, rien ne pouvant lui nuire si elle exécutait fidèlement ce qu'elle allait lui prescrire.

"For, my dear child," she said to her, "it would be a great sin to submit to your father's wishes, but you can avoid the necessity without displeasing him. Tell him that to satisfy a whim you have, he must give you a dress the colour of the weather. Never, in spite of all his love and his power will he be able to give you that."

Car, ma chère enfant, lui dit-elle, ce serait une grande faute que d'épouser votre père, mais, sans le contredire, vous pouvez l'éviter: dites lui que, pour remplir une fantaisie que vous avez, il faut qu'il vous donne une robe de la couleur du temps; jamais, avec tout son amour et son pouvoir, il ne pourra y parvenir.

The Princess thanked her godmother from her heart, and the next morning spoke to the King as the Fairy had counselled her, and protested that no one would win her hand unless he gave her a dress the colour of the weather. The King, overjoyed and hopeful, called together the most skilful workmen, and demanded this robe of them; otherwise they should be hanged.

La princesse remercia bien sa marraine; et dès le lendemain matin, elle dit au roi son père ce que la fée lui avait conseillé, et protesta qu'on ne tirerait d'elle aucun aveu qu'elle n'eût une robe couleur du temps. Le roi, ravi de l'espérance qu'elle lui donnait, assembla les plus fameux ouvriers, et leur commanda cette robe, sous la consigne que, s'ils ne pouvaient réussir, il les ferait tous pendre.

But he was saved from resorting to this extreme measure, since, on the second day, they brought the much desired robe. The heavens are not a more beautiful blue, when they are girdled with clouds of gold, than was that lovely dress when it was unfolded. The Princess was very sad because of it, and did not know what to do.

Il n'eut pas le chagrin d'en venir à cette extrémité, dès le second jour ils apportèrent la robe si désirée. D'empyrée n'est pas d'un plus beau bleu lorsqu'il est ceint de nuages d'or, que cette belle robe lorsqu'elle fut étalée. L'Infante en fut toute contrastée et ne savait comment se tirer d'embarras.

Once more she went to her Fairy-godmother who, astonished that her plan had been foiled, now told her to ask for another gown the colour of the moon.

Le roi pressait la conclusion. Il fallut recourir encore à la marraine, qui, étonnée de ce que son secret n'avait pas réussi', lui dit d'essayer d'en demander une de la couleur de la lune.

The King again sought out the most clever workmen and expressly commanded them to make a dress the colour of the moon; and woe betide them if between the giving of the order and the bringing of the dress more than twenty-four hours should elapse.

Le roi, qui ne pouvait lui rien refuser, envoya chercher les plus habiles ouvriers, et leur commanda si expressément une robe couleur de la lune, qu'entre ordonner et apporter il n'y eut pas vingt-quatre heures...

The Princess, though pleased with the dress when it was delivered, gave way to distress when she was with her women and her nurse. The Lilac-fairy, who knew all, hastened to comfort her and said: "Either I am greatly deceived or it is certain that if you ask for a dress the colour of the sun we shall at last baffle the King your father, for it would never be possible to make such a gown; in any case we should gain time."

L'Infante, plus charmée de cette superbe robe que des soins du roi son père, s'affligea immodérément lorsqu'elle fut avec ses femmes et sa nourrice. La Fée des Lilas, qui savait tout, vint au secours de l'affligée princesse, et lui dit:

-Ou je me trompe fort, ou je crois que, si vous demandez une robe couleur, du soleil, ou nous viendrons à bout de dégoûter le roi votre père, car jamais on ne pourra parvenir à faire une pareille robe, ou nous gagnerons au moins du temps.

So the Princess asked for yet another gown as the Fairy bade her. The infatuated King could refuse his daughter nothing, and he gave without regret all the diamonds and rubies in his crown to aid this superb work; nothing was to be spared that could make the dress as beautiful as the sun. And, indeed, when the dress appeared, all those who unfolded it were obliged to close their eyes, so much were they dazzled. And, truth to tell, green spectacles and smoked glasses date from that time.

L'Infante en convint, demanda la robe et l'amoureux roi donna, sans regret, tous les diamants et les rubis de sa couronne pour aider à ce superbe ouvrage, avec l'ordre de ne rien épargner pour rendre cette robe égale au soleil. Aussi, dès qu'elle parût, tous ceux qui la virent déployée furent obligés de fermer les yeux, tant ils furent éblouis. C'est de ce temps que datent les lunettes vertes et les verres noirs.

What was the Princess to do? Never had so beautiful and so artistic a robe been seen. She was dumb-founded, and pretending that its brilliance had hurt her eyes she retired to her chamber, where she found the Fairy awaiting her.

Que devient l'Infante à cette vue? Jamais on n'avait rien vu de si beau et de si artistement ouvré. Elle était confondue; et sous prétexte d'avoir mal aux yeux, elle se retira dans sa chambre où la fée l'attendait, plus honteuse qu'on ne peut dire.

On seeing the dress like the sun, the Lilac-fairy became red with rage. "Oh! this time, my child," she said to the Princess, "we will put the King to terrible proof. In spite of his madness I think he will be a little astonished by the request that I counsel you to make of him; it is that he should give you the skin of that ass he loves so dearly, and which supplies him so profusely with the means of paying all his expenses. Go, and do not fail to tell him that you want this skin." The Princess, overjoyed at finding yet another avenue of escape; for she thought that her father could never bring himself to sacrifice the ass, went to find him, and unfolded to him her latest desire.

Ce fut bien pis: car, en voyant la robe du soleil, elle devint rouge de colère.

-Oh! pour le coup, ma fille, dit-elle à l'Infante, nous allons mettre l'indigne amour de votre père à une terrible épreuve. Je le crois bien entêté de ce mariage qu'il croit si prochain, mais je pense qu'il sera un peu étourdi de la demande que je vous conseille de lui faire: C'est la peau de cet âne qu'il aime si passionnément, et qui fournit à toutes ses dépenses avec tant de profusion; allez, et ne manquez pas de lui dire que vous désirez cette peau.

L'Infante, ravie de trouver encore un moyen d'éluder un mariage qu'elle détestait, et qui pensait en même temps que son père ne pourrait jamais se résoudre à sacrifier son âne, vint le trouver et lui exposa son désir pour la peau de ce bel animal.

Although the King was astonished by this whim, he did not hesitate to satisfy it; the poor ass was sacrificed and the skin brought, with due ceremony, to the Princess, who, seeing no other way of avoiding her ill-fortune, was desperate.

Quoique le roi fût étonné de cette fantaisie, il ne balança pas à la satisfaire. Le pauvre âne fut sacrifié, et la peau galamment apportée à l'Infante, qui, ne voyant plus aucun moyen d'éluder son malheur, s'allait désespérer.

At that moment her godmother arrived. "What are you doing, my child?" she asked, seeing the Princess tearing her hair, her beautiful cheeks stained with tears. "This is the most happy moment of your life. Wrap yourself in this skin, leave the palace, and walk so long as you can find ground to carry you: when one sacrifices everything to virtue the gods know how to mete out reward. Go, and I will take care that your possessions follow you; in whatever place you rest, your chest with your clothes and your jewels will follow your steps, and here is my wand which I will give you: tap the ground with it when you have need of the chest, and it will appear before your eyes: but haste to set forth, and do not delay."

A ce moment-là sa marraine accourut.

Que faites vous, ma fille? dit-elle, voyant la princesse déchirant ses cheveux et meurtrissant ses belles joues; voici le moment le plus heureux de votre vie. Enveloppez vous de cette peau, sortez de ce palais, et allez tant que la terre pourra vous porter: lorsqu'on sacrifie tout à la vertu, les dieux savent en récompenser. Allez, j'aurai soin que votre toilette vous suive partout; en quelque lieu que vous vous arrêtiez, votre cassette, où seront vos habits et vos bijoux, suivra vos pas sous terre; et voici ma baguette que je vous donne: en frappant la terre, quand vous aurez besoin de cette cassette, elle paraîtra à vos yeux; mais hâtez vous de partir, et ne tardez pas.

The Princess embraced her godmother many times, and begged her not to forsake her. Then after she had smeared herself with soot from the chimney, she wrapped herself up in that ugly skin and went out from the magnificent palace without being recognised by a single person.

L'Infante embrassa mille fois sa marraine, la pria de ne pas l'abandonner, s'affubla de cette vilaine peau, après s'être barbouillée de suie de cheminée, et sortit de ce riche palais sans être reconnue de personne.

The absence of the Princess caused a great commotion. The King, who had caused a sumptuous banquet to be prepared, was inconsolable. He sent out more than a hundred gendarmes, and more than a thousand musketeers in quest of her; but the Lilac-fairy made her invisible to the cleverest seekers, and thus she escaped their vigilance.

L'absence de l'Infante causa une grande rumeur. Le roi, au désespoir, qui avait fait préparer une fête magnifique, était inconsolable. Il fit partir plus de cent gendarmes et plus de mille mousquetaires pour aller à la recherche de sa fille; mais la fée, qui la protégeait, la rendait invisible aux plus habiles recherches: ainsi il fallut bien s'en consoler.

Meanwhile the Princess walked far, far and even farther away; after a time she sought for a resting place, but although out of charity people gave her food, she was so dishevelled and dirty that no one wanted to keep her.

Pendant ce temps, l'Infante cheminait. Elle alla bien loin, encore plus loin, et cherchait partout une place; mais quoique par charité on lui donnât à manger, on la trouvait si crasseuse que personne n'en voulait.

At length she came to a beautiful town, at the gate of which was a small farm. Now the farmer's wife had need of a wench to wash the dishes and to attend to the geese and the pigs, and seeing so dirty a vagrant offered to engage her. The Princess, who was now much fatigued, accepted joyfully. She was put into a recess in the kitchen where for the first days she was subjected to the coarse jokes of the men-servants, so dirty and unpleasant did the donkey-skin make her appear. At last they tired of their pleasantries; moreover she was so attentive to her work that the farmer's wife took her under her protection. She minded the sheep, and penned them up when it was necessary, and she took the geese out to feed with such intelligence that it seemed as if she had never done anything else. Everything that her beautiful hands undertook was done well.

Cependant, elle entra dans une belle ville, à la porte de laquelle était une métairie, dont la fermière avait besoin d'un souillon pour laver les torchons, nettoyer les dindons et l'auge des cochons. Cette femme, voyant cette voyageuse si malpropre, lui proposa d'entrer chez elle; ce que l'Infante accepta de grand coeur, tant elle était lasse d'avoir tant marché.

On la mit dans un coin reculé de la cuisine, où elle fut, les premiers jours, en butte aux plaisanteries grossières de la valetaille, tant sa peau d'âne la rendait sale et dégoûtante. Enfin, on s'y accoutuma; d'ailleurs elle était si soigneuse de remplir ses devoirs, que la fermière la prit sous sa protection. Elle conduisait les moutons, les faisait parquer au temps où il le fallait; elle menait les dindons paître avec une telle intelligence, qu'il semblait qu'elle n'eût jamais fait autre chose: aussi tout fructifiait sous ses belles mains.

One day she was sitting near a clear fountain where she often repaired to bemoan her sad condition, when she thought she would look at herself in the water. The horrible donkey-skin which covered her from head to toe revolted her. Ashamed, she washed her face and her hands, which became whiter than ivory, and once again her lovely complexion took its natural freshness. The joy of finding herself so beautiful filled her with the desire to bathe in the pool, and this she did. But she had to don her unworthy skin again before she returned to the farm.

Un jour qu'assise près d'une claire fontaine, où elle déplorait souvent sa triste condition, elle s'avisa de s'y mirer, l'effroyable peau d'âne, qui faisait sa coiffure et son habillement, l'épouvanta.

Honteuse de cet ajustement, elle se décrassa le visage et les mains, qui devinrent plus blanches que l'ivoire, et son beau teint reprit sa fraîcheur naturelle. La joie de se trouver si belle lui donna envie de se baigner, ce qu'elle exécuta; mais il lui fallut remettre son indigne peau pour retourner à la métairie.

By good fortune the next day chanced to be a holiday, and so she had leisure to tap for her chest with the fairy's wand, arrange her toilet, powder her beautiful hair and put on the lovely gown which was the colour of the weather; but the room was so small that the train could not be properly spread out. The beautiful Princess looked at herself, and with good reason, admired her appearance so much that she resolved to wear her magnificent dresses in turn on holidays and Sundays for her own amusement, and this she regularly did. She entwined flowers and diamonds in her lovely hair with admirable art, and often she sighed that she had no witness of her beauty save the sheep and geese, who loved her just as much in the horrible donkey-skin after which she had been named at the farm.

Heureusement, le lendemain était un jour de fête; ainsi elle eut le loisir de tirer sa cassette, d'arranger sa toilette, de poudrer ses beaux cheveux, et de mettre sa belle robe couleur du temps. Sa chambre était si petite, que la queue de cette belle robe ne pouvait pas s'étendre. La belle princesse se mira et s'admira elle-même avec raison, si bien qu'elle résolut, pour se désennuyer, de mettre tour à tour ses belles robes, les fêtes et les dimanches; ce qu'elle exécuta ponctuellement.

Elle mêlait des fleurs et des diamants dans ses beaux cheveux, avec un art admirable et souvent elle soupirait de n'avoir pour témoins de sa beauté que ses moutons et ses dindons, qui l'aimaient autant avec son horrible peau d'âne, dont on lui avait donné le nom dans cette ferme.

One holiday when Donkey-skin had put on her sun-hued dress, the son of the King to whom the farm belonged alighted there to rest on his return from the hunt. This Prince was young and handsome, beloved of his father and of the Queen his mother, and adored by the people. After he had partaken of the simple collation which was offered him he set out to inspect the farm-yard and all its nooks and corners. In going thus from place to place, he entered a dark alley at the bottom of which was a closed door. Curiosity made him put his eye to the keyhole. Imagine his astonishment at seeing a Princess so beautiful and so richly dressed, and withal of so noble and dignified a mien, that he took her to be a divinity. The impetuosity of his feelings at this moment would have made him force the door, had it not been for the respect with which that charming figure filled him.

Un jour de fête, que Peau d'Ane avait mis la robe couleur du soleil, le fils du roi, à qui cette ferme appartenait, vint y descendre pour se reposer, en revenant de la chasse. Ce prince était jeune, beau et admirablement bien fait, l'amour de son père et de la reine sa mère, adoré des peuples. On offrit à ce jeune prince une collation champêtre, qu'il accepta; puis il se mit à parcourir les basses-cours et tous les recoins.

En courant ainsi de lieu en lieu, il entra dans une sombre allée, au bout de laquelle il vit une porte fermée. La curiosité lui fit mettre l'oeil à la serrure; mais que devint il en apercevant la princesse si belle et si richement vêtue, qu'à son air noble et modeste, il la prit pour une divinité. L'impétuosité du sentiment qu'il éprouva dans ce moment l'aurait porté à enfoncer la porte, sans le respect que lui inspira cette ravissante personne.

It was with difficulty that he withdrew from this gloomy little alley, intent on discovering who the inmate of the tiny room might be. He was told that it was a scullion called Donkey-skin because of the skin which she always wore, and that she was so dirty and unpleasant that no one took any notice of her, or even spoke to her; she had just been taken out of pity to look after the geese.

Il sortit avec peine de cette allée sombre et obscure, mais ce fut pour s'informer qui était la personne qui demeurait dans cette petite chambre. On lui répondit que c'était une souillon, qu'on nommait Peau d'Ane à cause de la peau dont elle s'habillait, et qu'elle était si sale et si crasseuse, que personne ne la regardait ni lui parlait et qu'on ne l'avait prise que par pitié, pour garder les moutons et les dindons.

The Prince, though little satisfied by this information, saw that these dense people knew no more, and that it was useless to question them.

So he returned to the palace of the King his father, beyond words in love, having continually before his eyes the beautiful image of the goddess whom he had seen through the keyhole.

He was full of regret that he had not knocked at the door, and promised himself that he would not fail to do so next time. But the fervency of his love caused him such great agitation that the same night he was seized by a terrible fever, and was soon at death's door.

The Queen, who had no other child, was in despair because all remedies proved useless. In vain she promised great rewards to the doctors; though they exerted all their skill, nothing would cure the Prince. At last they decided that some great sorrow had caused this terrible fever.

They told the Queen, who, full of tenderness for her son, went to him and begged him to tell her his trouble. She declared that even if it was a matter of giving him the crown, his father would yield the throne to him without regret; or if he desired some Princess, even though there should be war with the King her father and their subjects should, with reason, complain, all should be sacrificed to obtain what he wished.

She implored him with tears not to die, since their life depended on his. The Queen did not finish this touching discourse without moving the Prince to tears.

Le prince, peu satisfait de cet éclaircissement, vit bien que ces gens grossiers n'en savaient pas davantage, et qu'il était inutile de les questionner.

Il revint au palais du roi son père, plus amoureux qu'on ne peut dire, ayant continuellement devant les yeux la belle image de cette divinité qu'il avait vue par le trou de la serrure.

Il se repentit de n'avoir pas heurté à la porte et se promit bien de n'y pas manquer une autre fois. Mais l'agitation de son sang, causée par l'ardeur de son amour, lui donna, dans la même nuit, une fièvre si terrible, que bientôt il fut réduit à l'extrémité.

La reine, sa mère, qui n'avait que lui d'enfant, se désespérait de ce que tous les remèdes étaient inutiles. Elle promettait en vain les plus grandes récompenses aux médecins; ils y employèrent tout leur art, mais rien ne guérissait le prince.

Enfin, ils devinèrent qu'un mortel chagrin causait tout ce ravage; ils en avertirent la reine, qui, toute pleine de tendresse pour son fils, vint le conjurer de dire la cause de son mal et que, quand il s'agirait de lui céder la couronne, le roi son père descendrait de son trône sans regret, pour l'y faire monter; que s'il désirait quelque princesse, quand même on serait en guerre avec le roi son père, et qu'on eût de justes sujets pour s'en plaindre, on sacrifierait tout pour obtenir ce qu'il désirait; mais qu'elle le conjurait de ne pas se laisser mourir, puisque de sa vie dépendait la leur.

La reine n'acheva pas ce touchant discours sans mouiller le visage du prince d'un torrent de larmes.

"Madam," he said at last, in a very feeble voice, "I am not so base that I desire the crown of my father, rather may Heaven grant him life for many years, and that I may always be the most faithful and the most respectful of his subjects! As to the Princesses that you speak of, I have never yet thought of marriage, and you well know that, subject as I am to your wishes, I shall obey you always, even though it be painful to me."

-Madame, lui dit enfin le prince avec une voix très faible, je ne suis pas assez dénaturé pour désirer la couronne de mon père; plaise au ciel qu'il vive de longues années, et qu'il veuille bien que je sois longtemps le plus fidèle et le plus respectueux de ses sujets. Quant aux princesses que vous m'offrez, je n'ai point encore pensé à me marier et vous pensez bien que, soumis comme je le suis à vos volontés, je vous obéirai toujours, quoi qu'il m'en coûte.

"Ah! my son," replied the Queen, "we will spare nothing to save your life. But, my dear child, save mine and that of the King your father by telling me what you desire, and be assured that you shall have it."

Ah, mon fils, reprit la reine, rien ne me coûtera pour te sauver la vie, mais, mon cher fils, sauve la mienne et celle du roi ton père en me déclarant ce que tu désires et sois bien assuré qu'il te sera accordé.

"Well, Madam," he said, "since you would have me tell you my thought, I obey you. It would indeed be a sin to place in danger two lives so dear to me. Know, my mother, that I wish Donkey-skin to make me a cake, and to have it brought to me when it is ready."

The Queen, astonished at this strange name, asked who Donkey-skin might be.

"It is, Madam," replied one of her officers who had by chance seen this girl, "It is the most ugly creature imaginable after the wolf, a slut who lodges at your farm, and minds your geese."

"It matters not," said the Queen; "my son, on his way home from the chase, has perchance eaten of her cakes; it is a whim such as those who are sick do sometimes have. In a word, I wish that Donkey-skin, since Donkey-skin it is, make him presently a cake."

Eh bien, madame, dit-il, puisqu'il faut vous déclarer ma pensée, je vais vous obéir; je me ferais un crime de mettre en danger deux êtres qui me sont si chers.

-Oui, ma mère, je désire que Peau d'Ane me fasse un gâteau, et que, dès qu'il sera fait, on me l'apporte.

La reine, étonnée de ce nom bizarre, demanda qui était cette Peau d'Ane.

-C'est, Madame, reprit un de ses officiers qui par hasard avait vu cette fille, c'est la plus vilaine bête après le loup; une peau noire, une crasseuse qui loge dans votre métairie et qui garde vos dindons.

-N'importe, dit la reine: mon fils, au retour de la chasse, a peut-être mangé de sa pâtisserie; c'est une fantaisie de malade; en un mot, je veux que Peau d'Ane (puisque Peau d'Ane, il y a) lui fasse promptement un gâteau.

A messenger ran to the farm and told Donkey-skin that she was to make a cake for the Prince as well as she possibly could. Now, some believe that Donkey-skin had been aware of the Prince in her heart at the moment when he had put his eye to the keyhole; and then, looking from her little window, she had seen him, so young, so handsome, and so shapely, that the remembrance of him had remained, and that often the thought of him had cost her some sighs.

Be that as it may, Donkey-skin, either having seen him, or having heard him spoken of with praise, was overjoyed to think that she might become known to him. She shut herself in her little room, threw off the ugly skin, bathed her face and hands, arranged her hair, put on a beautiful corsage of bright silver, and an equally beautiful petticoat, and then set herself to make the much desired cake.

She took the finest flour, and newest eggs and freshest butter, and while she was working them, whether by design or no, a ring which she had on her finger fell into the cake and was mixed in it. When the cooking was done she muffled herself in her horrible skin and gave the cake to the messenger, asking him for news of the Prince; but the man would not deign to reply, and without a word ran quickly back to the palace.

On courut à la métairie, et l'on fit venir Peau d'Ane, pour lui ordonner de faire de son mieux un gâteau pour le prince.

Quelques auteurs ont assuré que Peau d'Ane, au moment que ce prince avait mis l'úil à la serrure, les siens l'avaient aperçu; et puis que, regardant par sa petite fenêtre, elle avait vu ce prince si jeune, si beau et si bien fait, que l'idée lui en était restée, et que souvent ce souvenir lui avait coûté quelques soupirs.

Quoi qu'il en soit, Peau d'Ane l'ayant vu, ou en ayant beaucoup entendu parler avec éloge, ravie de pouvoir trouver un moyen d'être connue, s'enferma dans sa chambre, jeta sa vilaine peau, se décrassa le visage et les mains, se coiffa de ses blonds cheveux, mit un beau corset d'argent brillant, un jupon pareil, et se mit à faire le gâteau tant désiré: elle prit de la plus pure farine, des oeufs et du beurre bien frais.

En travaillant, soit de dessein on. autrement, une bague qu'elle avait au doigt tomba dans la pâte, s'y mêla; et dès que le gâteau fut cuit, s'affublant de son horrible peau, elle donna le gâteau à l'officier, à qui elle demanda des nouvelles du prince; mais cet homme, ne daignant pas lui répondre, courut chez le prince lui apporter ce gâteau.

The Prince took the cake greedily from the man's hands, and ate it with such voracity that the doctors who were present did not fail to say that this haste was not a good sign. Indeed, the Prince came near to being choked by the ring, which he nearly swallowed, in one of the pieces of cake. But he drew it cleverly from his mouth, and his desire for the cake was forgotten as he examined the fine emerald set in a gold keeper-ring, a ring so small that he knew it could only be worn on the prettiest little finger in the world.

Le prince le prit avidement des mains de cet homme, et le mangea avec une telle vivacité, que les médecins, qui étaient présents, ne manquèrent pas de dire que cette fureur n'était pas un bon signe: effectivement, le prince pensa s'étrangler par la bague qu'il trouva dans un morceau du gâteau; mais il la tira adroitement de sa bouche et son ardeur à dévorer ce gâteau se ralentit, en examinant cette fine émeraude, montée sur un jonc d'or dont le cercle était si étroit, qu'il jugea ne pouvoir servir qu'au plus joli doigt du monde.

He kissed the ring a thousand times, put it under his pillow, and drew it out every moment that he thought himself unobserved. The torment that he gave himself, planning how he might see her to whom the ring belonged, not daring to believe that if he asked for Donkey-skin she would be allowed to come, and not daring to speak of what he had seen through the keyhole for fear that he would be laughed at for a dreamer, brought back the fever with great violence. The doctors, not knowing what more to do, declared to the Queen that the Prince's malady was love, whereupon the Queen and the disconsolate King ran to their son.

Il baisa mille fois cette bague, la mit sous son chevet et l'en tirait à tout moment quand il croyait n'être vu de personne. Le tourment qu'il se donna pour imaginer comment il pourrait voir celle à qui cette bague pouvait aller et n'osant croire, s'il demandait Peau d'Ane, qui avait fait ce gâteau qu'il avait demandé, qu'on lui accordât de la faire venir, n'osant non plus croire ce qu'il avait vu par le trou de la serrure, de crainte qu'on se moquât de lui et qu'on le prît pour un visionnaire, toutes ces idées le tourmentant à la fois, la fièvre le reprit fortement et les médecins, ne sachant plus que faire, déclarèrent à la reine que le prince était malade d'amour.

"My son, my dear son," cried the affected monarch, "tell us the name of her whom you desire: we swear that we will give her to you. Even though she were the vilest of slaves."

The Queen embracing him, agreed with all that the King had said, and the Prince, moved by their tears and caresses, said to them: "My father and my mother, I in no way desire to make a marriage which is displeasing to you." And drawing the emerald from under his pillow he added: "To prove the truth of this, I desire to marry her to whom this ring belongs. It is not likely that she who owns so pretty a ring is a rustic or a peasant."

La reine accourut chez son fils, avec le roi, qui se désolait « Mon fils, mon cher fils», s'écria le monarque affligé, nomme-nous celle que tu veux; nous jurons que nous te la donnerons, fût elle la plus vile des esclaves.

La reine, en l'embrassant, lui confirma le serment du roi.

Le prince, attendri par les larmes et les caresses des auteurs de ses jours, leur dit:

-Mon père et ma mère, je n'ai point dessein de faire une alliance qui vous déplaise et pour preuve de cette vérité, dit-il en tirant l'émeraude de dessous son chevet, c'est que j'épouserai la personne à qui cette bague ira, telle qu'elle soit; et il n'y a pas apparence que celle qui aura ce joli doigt soit une rustaude ou une paysanne.

The King and the Queen took the ring, examined it with great curiosity, and agreed with the Prince that it could only belong to the daughter of a good house. Then the King, having embraced his son, and entreated him to get well, went out. He ordered the drums and fifes and trumpets to be sounded throughout the town, and the heralds to cry that she whose finger a certain ring would fit should marry the heir to the throne.

Le roi et la reine prirent la bague, l'examinèrent curieusement et jugèrent, ainsi que le prince, que cette bague ne pouvait aller qu'à quelque fille de bonne maison.

Alors, le roi, ayant embrassé son fils en le conjurant de guérir, sortit, fit sonner les tambours, les fifres et les trompettes par toute la ville et crier par ses hérauts que l'on n'avait qu'à venir au palais essayer une bague et que celle à qui elle irait juste, épouserait l'héritier du trône.

First the Princesses arrived, then the duchesses, and the marquises, and the baronesses; but though they did all they could to make their fingers small, none could put on the ring. So the country girls had to be tried, but pretty though they all were, they all had fingers that were too fat. The Prince, who was feeling better, made the trial himself. At last it was the turn of the chamber-maids; but they succeeded no better. Then, when everyone else had tried, the Prince asked for the kitchen-maids, the scullions, and the sheep-girls. They were all brought to the palace, but their coarse red, short, fingers would hardly go through the golden hoop as far as the nail.

Les princesses d'abord arrivèrent, puis les duchesses, les marquises et les baronnes; mais elles eurent beau toutes s'amenuiser les doigts, aucune ne put mettre la bague. Il en fallut venir aux grisettes, qui toutes jolies qu'elles étaient, avaient toutes les doigts trop gros. Le prince, qui se portait mieux, faisait lui-même l'essai.

Enfin, on en vint aux filles de chambre; elles ne réussirent pas mieux. Il n'y avait plus personne qui n'eût essayé cette bague sans succès, lorsque le prince demanda les cuisinières, les marmitonnes, les gardeuses de moutons: on amena tout cela; mais leurs gros doigts rouges et courts ne purent seulement aller par delà de l'ongle.

"You have not brought that Donkey-skin, who made me the cake," said the Prince.

Everyone laughed and said, "No," so dirty and unpleasant was she.

"Let someone fetch her at once," said the King; "it shall not be said that I left out the lowliest." And the servants ran laughing and mocking to find the goose-girl.

-A-t-on fait venir cette Peau d'Ane, qui m'a fait un gâteau ces jours derniers? dit le prince.

Chacun se prit à rire, et lui dit que non, tant elle était sale et crasseuse.

-Qu'on l'aille chercher sur l'heure, dit le roi; il ne sera pas dit que j'ai excepté quelqu'un.

On courut, en riant et se moquant, chercher la dindonnière.

The Princess, who had heard the drums and the cries of the heralds, had no doubt that the ring was the cause of this uproar. Now, she loved the Prince, and, as true love is timorous and has no vanity, she was in perpetual fear that some other lady would be found to have a finger as small as hers. Great, then, was her joy when the messengers came and knocked at her door.

Since she knew that they were seeking the owner of the right finger on which to set her ring, some impulse had moved her to arrange her

hair with great care, and to put on her beautiful silver corsage, and the petticoat full of furbelows and silver lace studded with emeralds.

L'Infante, qui avait entendu les tambours et les cris des hérauts d'armes, s'était bien doutée que sa bague faisait ce tintamarre: elle aimait le prince et, comme le véritable amour est craintif et n'a point de vanité, elle était dans la crainte continuelle que quelque danse n'eût le doigt aussi menu que le sien.

Elle eut donc une grande joie quand on vint la chercher et qu'on heurta à sa porte. Depuis qu'elle avait su qu'on cherchait un doigt propre à mettre sa bague, je ne sais quel espoir l'avait portée à se coiffer plus soigneusement, et à mettre son beau corsage d'argent, avec le jupon plein de falbalas de dentelle d'argent, semés d'émeraudes.

At the first knock she quickly covered her finery with the donkey-skin and opened the door. The visitors, in derision, told her that the King had sent for her in order to marry her to his son. Then with loud peals of laughter they led her to the Prince, who was astonished at the garb of this girl, and dared not believe that it was she whom he had seen so majestic and so beautiful. Sad and confounded, he said, "Is it you who lodge at the bottom of that dark alley in the third yard of the farm?"

"Yes, your Highness," she replied.

"Show me your hand," said the Prince trembling, and heaving a deep sigh.

Sitôt qu'elle entendît qu'on heurtait à la porte et qu'on l'appelait pour aller chez le prince, elle remit promptement sa peau d'Ane, ouvrit sa porte; et ces gens, en se moquant d'elle, lui dirent que le roi la demandait pour lui faire épouser son fils, puis avec de longs éclats de rire, ils la menèrent chez le prince, qui, lui-même, étonné de l'accoutrement de cette fille, n'osa croire que ce fût elle qu'il avait vue si pompeuse et si belle. Triste et confondu de s'être si lourdement trompé:

-Est-ce vous, lui dit-il, qui logez au fond de cette allée obscure, dans la troisième basse-cour de la métairie?

-Oui, seigneur, répondit elle.

-Montrez moi votre main, dit-il en tremblant et poussant un profond soupir...

Sitôt qu'elle entendît qu'on heurtait à la porte et qu'on l'appelait pour aller chez le prince, elle remit promptement sa peau d'Ane, ouvrit sa porte; et ces gens, en se moquant d'elle, lui dirent que le roi la demandait pour lui faire épouser son fils, puis avec de longs éclats de rire, ils la menèrent chez le prince, qui, lui-même, étonné de l'accoutrement de cette fille, n'osa croire que ce fût elle qu'il avait vue si pompeuse et si belle. Triste et confondu de s'être si lourdement trompé:

-Est-ce vous, lui dit-il, qui logez au fond de cette allée obscure, dans la troisième basse-cour de la métairie?

-Oui, seigneur, répondit elle.

-Montrez moi votre main, dit-il en tremblant et poussant un profond soupir...

Imagine how astonished everyone was! The King and the Queen, the chamberlains and all the courtiers were dumb-founded, when from beneath that black and dirty skin came a delicate little white and rose-pink hand, and the ring slipped without difficulty on to the prettiest little finger in the world. Then, by a little movement which the Princess made, the skin fell from her shoulders and so enchanting was her guise, that the Prince, weak though he was, fell on his knees and held her so closely that she blushed. But that was scarcely noticed, for the King and Queen came to embrace her heartily, and to ask her if she would marry their son.

Dame, qui fut bien surpris? Ce furent le roi et la reine, ainsi que tous les chambellans et les grands de la cour, lorsque de dessous cette peau noire et crasseuse sortit une petite main délicate, blanche et couleur de rose, où la bague s'ajusta sans peine au plus joli petit doigt du monde et par un petit mouvement que l'Infante se donna, la peau tomba, et elle parut d'une beauté si ravissante, que le prince, tout faible qu'il était, se mit à ses genoux et les serra avec une ardeur qui la fit rougir; mais, on ne s'en aperçut presque pas, parce que le roi et la reine vinrent l'embrasser de toute leur force et lui demander si elle voulait bien épouser leur fils.

The Princess, confused by all these caresses and by the love of the handsome young Prince, was about to thank them when suddenly the ceiling opened, and the Lilac-fairy descended in a chariot made of the branches and flowers from which she took her name, and, with great charm, told the Princess's story. The King and Queen, overjoyed to know that Donkey-skin was a great Princess redoubled their caresses, but the Prince was even more sensible of her virtue, and his love increased as the Fairy unfolded her tale.

La princesse, confuse de tant de caresses et de l'amour que lui marquait ce beau jeune prince, allait cependant les en remercier, lorsque le plafond s'ouvrit et que la Fée des Lilas, descendant dans un char fait de branches et de fleurs de son nom, conta, avec une grâce infinie, l'histoire de l'Infante.

Le roi et la reine, charmés de voir que Peau d'Ane était une grande princesse, redoublèrent leurs caresses, mais le prince fut encore plus sensible à la vertu de la princesse et son amour s'accrût par cette connaissance.

His impatience to marry her, indeed, was so great that he could scarcely allow time for the necessary preparations for the grand wedding which was their due. The King and Queen, now entirely devoted to their daughter-in-law, overwhelmed her with affection. She had declared that she could not marry the Prince without the consent of the King her father, so, he was the first to whom an invitation to the wedding was sent; he was not, however, told the name of the bride.

The Lilac-fairy, who, as was right, presided over all, had recommended this course to prevent trouble.

L'impatience du prince, pour épouser la princesse, fut telle, qu'à peine donnat-il le temps de faire les préparatifs convenables pour cet auguste mariage. Le roi et la reine, qui étaient affolés de leur belle-fille, lui faisaient mille caresses et la tenaient incessamment dans leurs bras; elle avait déclaré qu'elle ne pouvait épouser le prince sans le consentement du roi son père: aussi fusil le premier à qui on envoya une invitation, sans lui dire quelle était l'épousée; la Fée des Lilas, qui présidait à tout, comme de raison, l'avait exigé, à cause des conséquences.

Kings came from all the countries round, some in sedan-chairs, others in beautiful carriages; those who came from the most distant countries rode on elephants and tigers and eagles. But the most magnificent and most glorious of all was the father of the Princess. He had happily recovered his reason, and had married a Queen who was a widow and very beautiful, but by whom he had no child. The Princess ran to him, and he recognised her at once and embraced her with great tenderness before she had time to throw herself on her knees.

Il vint des rois de tous les pays: les uns en chaise à porteurs, d'autres en cabriolet, de plus éloignés, montés sur des éléphants, sur des tigres, sur des aigles, mais le plus magnifique et le plus puissant fut le père de l'Infante, qui heureusement avait oublié son amour impossible et avait épousé une reine veuve, fort belle, dont il n'avait point eu d'enfant. L'Infante courut au-devant de lui; il la reconnut aussitôt, et l'embrassa avec une grande tendresse, avant qu'elle eût le temps de se jeter à ses genoux.

The King and Queen presented their son to him, and the happiness of all was complete. The nuptials were celebrated with all imaginable pomp, but the young couple were hardly aware of the ceremony, so wrapped up were they in one another.

Le roi et la reine lui présentèrent leur fils, qu'il combla d'amitiés. Les noces se firent avec toute la pompe imaginable. Les jeunes époux, peu sensibles à ces magnificences, ne virent et ne regardèrent qu'eux.

In spite of the protests of the noble-hearted young man, the Prince's father caused his son to be crowned the same day, and kissing his hand, placed him on the throne.

Le roi, père du prince, fit couronner son fils ce même jour, et, lui baisant la main, le plaça sur son trône. Malgré la résistance de ce fils si bien né, il lui fallut obéir.

The celebrations of this illustrious marriage lasted nearly three months, but the love of the two young people would have endured for more than a hundred years, had they out-lived that age, so great was their affection for one another.

Les fêtes de cet illustre mariage durèrent près de trois mois; mais l'amour des deux époux durerait encore, tant ils s'aimaient, s'ils n'étaient pas morts cent ans après.

Le Petit Poucet

Once upon a time there lived a woodcutter and his wife; they had seven children, all boys. The eldest was but ten years old, and the youngest only seven. People were astonished that the woodcutter had had so many children in such a short time, but his wife was very fond of children, and never had less than two at a time.

Il était une fois un bûcheron et une bûcheronne qui avaient sept enfants, tous des garçons. L'aîné n'avait que dix ans et le plus jeune n'en avait que sept. On s'étonnera que le bûcheron ait eu tant d'enfants en si peu de temps; mais c'est que sa femme allait vite en besogne, et n'en faisait pas moins de deux à la fois.

They were very poor, and their seven children inconvenienced them greatly, because not one of them was able to earn his own way. They were especially concerned, because the youngest was very sickly. He scarcely ever spoke a word, which they considered to be a sign of stupidity, although it was in truth a mark of good sense. He was very little, and when born no bigger than one's thumb, for which reason they called him Little Thumb.

Ils étaient très pauvres, et leurs sept enfants les incommodaient beaucoup, parce qu'aucun d'eux ne pouvait encore gagner sa vie. Ce qui les chagrinait encore, c'est que le plus jeune était fort délicat et ne disait mot: prenant pour bêtise ce qui était une marque de la bonté de son esprit. Il était tout petit, et quand il vint au monde, il n'était guère plus gros que le pouce, ce qui fit que l'on l'appela le petit Poucet.

The poor child bore the blame of everything that went wrong in the house. Guilty or not, he was always held to be at fault. He was, notwithstanding, more cunning and had a far greater share of wisdom than all his brothers put together. And although he spoke little, he listened well.

Ce pauvre enfant était le souffre-douleurs de la maison, et on lui donnait toujours tort. Cependant il était le plus fin, et le plus avisé de tous ses frères, et s'il parlait peu, il écoutait beaucoup.

There came a very bad year, and the famine was so great that these poor people decided to rid themselves of their children. One evening, when the children were all in bed and the woodcutter was sitting with his wife at the fire, he said to her, with his heart ready to burst with grief, "You see plainly that we are not able to keep our children, and I cannot see them starve to death before my face. I am resolved to lose them in the woods tomorrow, which may very easily be done; for, while they are busy in tying up the bundles of wood, we can leave them, without their noticing."

"Ah!" cried out his wife; "and can you yourself have the heart to take your children out along with you on purpose to abandon them?"

Il vint une année très fâcheuse, et la famine fut si grande, que ces pauvres gens résolurent de se défaire de leurs enfants. Un soir que les enfants étaient couchés, et que le bûcheron était auprès du feu avec sa femme, il lui dit, le coeur serré de douleur:

-«Tu vois bien que nous ne pouvons plus nourrir nos enfants; je ne saurais les voir mourir de faim devant mes yeux, et je suis résolu d'aller les perdre demain au bois, ce qui sera bien aisé, car tandis qu'ils s'amuseront à fagoter, nous n'avons qu'à nous enfuir sans qu'ils nous voient.»

-«Ah!» s'écria la bûcheronne, «pourrais-tu bien toi-même mener perdre tes enfants?»

In vain her husband reminded her of their extreme poverty. She would not consent to it. Yes, she was poor, but she was their mother. However, after having considered what a grief it would be for her to see them perish with hunger, she at last consented, and went to bed in tears.

Son mari avait beau lui représenter leur grande pauvreté, elle ne pouvait y consentir; elle était pauvre, mais elle était leur mère. Cependant ayant considéré quelle douleur ce lui serait de les voir mourir de faim, elle y consentit, et alla se coucher en pleurant.

Little Thumb heard every word that had been spoken; for observing, as he lay in his bed, that they were talking very busily, he got up softly, and hid under his father's stool, in order to hear what they were saying without being seen. He went to bed again, but did not sleep a wink all the rest of the night, thinking about what he had to do. He got up early in the morning, and went to the riverside, where he filled his pockets with small white pebbles, and then returned home.

Le petit Poucet entendit tout ce qu'ils dirent, car ayant entendu depuis son lit qu'ils parlaient d'affaires, il s'était levé doucement, et s'était glissé sous l'escabelle de son père pour les écouter sans être vu. Il alla se recoucher et ne dormit point le reste de la nuit, songeant à ce qu'il avait à faire. Il se leva de bon matin, et alla au bord d'un ruisseau où il emplit ses poches de petits cailloux blancs, et ensuite revint à la maison.

They all went out, but Little Thumb never told his brothers one syllable of what he knew. They went into a very thick forest, where they could not see one another at ten paces distance. The woodcutter began his work, and the children gathered up the sticks into bundles. Their father and mother, seeing them busy at their work, slipped away from them without being seen, and returned home along a byway through the bushes.

On partit, et le petit Poucet ne dit rien de tout ce qu'il savait à ses frères. Ils allèrent dans une forêt très épaisse, où à dix pas de distance on ne se voyait pas l'un l'autre. Le bûcheron se mit à couper du bois et ses enfants à ramasser les broutilles pour faire des fagots. Le père et la mère, les voyant occupés à travailler, s'éloignèrent d'eux insensiblement, et puis s'enfuirent tout à coup par un petit sentier détourné.

When the children saw they had been left alone, they began to cry as loudly as they could. Little Thumb let them cry, knowing very well how to get home again, for he had dropped the little white pebbles all along the way. Then he said to them, "Don't be afraid, brothers. Father and mother have left us here, but I will lead you home again. Just follow me.»

Lorsque les enfants se virent seuls, ils se mirent à crier et à pleurer de toute leur force. Le petit Poucet les laissait crier, sachant bien par où il reviendrait à la maison; car en marchant il avait laissé tomber le long du chemin les petits cailloux blancs qu'il avait dans ses poches. Il leur dit donc:

-«Ne craignez point, mes frères; mon père et ma mère nous ont laissés ici, mais je vous ramènerai bien au logis, suivez-moi seulement.»

They did so, and he took them home by the very same way they had come into the forest. They dared not go in, but sat down at the door, listening to what their father and mother were saying.

Ils le suivirent, et il les mena jusqu'à leur maison par le même chemin qu'ils étaient venus dans la forêt. Ils n'osèrent d'abord entrer, mais ils se mirent tous contre la porte pour écouter ce que disaient leur père et leur mère.

The woodcutter and his wife had just arrived home, when the lord of the manor sent those ten crowns, which he had owed them a long while, and which they never expected. This gave them new life, for the poor people were almost famished. The woodcutter sent his wife immediately to the butcher's. As it had been a long while since they had eaten, she bought three times as much meat as would be needed for two people.

Au moment où le bûcheron et la bûcheronne arrivèrent chez eux, le seigneur du village leur envoya dix écus qu'il leur devait il y avait longtemps, et dont ils n'espéraient plus rien: cela leur redonna vie, car les pauvres gens mouraient de faim. Le bûcheron envoya immédiatement sa femme à la boucherie. Comme il y avait longtemps qu'elle n'avait mangé, elle acheta trois fois plus de viande qu'il n'en fallait pour le souper de deux.

When they had eaten, the woman said, "Alas! Where are our poor children now? They would make a good feast of what we have left here; but it was you, William, who decided to abandon them. I told you that we would be sorry for it. What are they now doing in the forest? Alas, dear God, the wolves have perhaps already eaten them up. You are very inhuman to have abandoned your children in this way."

Lorsqu'ils furent rassasiés, la bûcheronne dit:

-«Hélas! où sont maintenant nos pauvres enfants? Ils feraient bonne chère de ce qui nous reste là. Mais aussi Guillaume, c'est toi qui les as voulu perdre. J'avais bien dit que nous nous en repentirions. Que font-ils maintenant dans cette forêt? Hélas! mon Dieu, les loups les ont peut-être déjà mangés! Tu es bien inhumain d'avoir perdu ainsi tes enfants.»

The woodcutter at last lost his patience, for she repeated it more than twenty times, that they would be sorry for it, and that she was right for having said so. He threatened to beat her if she did not hold her tongue. It was not that the woodcutter was less upset than his wife, but that she was nagging him. He, like many others, was of the opinion that wives should say the right thing, but that they should not do so too often.

Le bûcheron s'impatienta à la fin, car elle redit plus de vingt fois qu'ils s'en repentiraient et qu'elle l'avait bien dit. Il la menaça de la battre si elle ne se taisait pas. Ce n'est pas que le bûcheron ne fût peut-être encore plus fâché que sa femme, mais c'est qu'elle lui cassait la tête, et qu'il était de l'humeur de beaucoup d'autres gens, qui aiment fort les femmes qui disent bien, mais qui trouvent très importunes celles qui ont toujours bien dit.

She nearly drowned herself in tears, crying out, "Alas! Where are now my children, my poor children?"

She spoke this so very loud that the children, who were at the gate, began to cry out all together, "Here we are! Here we are!"

She immediately ran to open the door, and said, hugging them, "I am so glad to see you, my dear children; you are very hungry and tired. And my poor Peter, you are horribly dirty; come in and let me clean you."

La bûcheronne était toute en pleurs:

-«Hélas! où sont maintenant mes enfants, mes pauvres enfants?» Elle le dit une fois si haut que les enfants, qui étaient à la porte, l'ayant entendu, se mirent à crier tous ensemble:

-«Nous voilà, nous voilà.»

Elle courut vite leur ouvrir la porte, et leur dit en les embrassant:

-«Que je suis contente de vous revoir, mes chers enfants! Vous êtes bien las, et vous avez bien faim; et toi Pierrot, comme te voilà crotté, viens que je te débarbouille.»

Now, you must know that Peter was her eldest son, whom she loved above all the rest, because he had red hair, as she herself did.

They sat down to supper and ate with a good appetite, which pleased both father and mother. They told them how frightened they had been in the forest, speaking almost always all together. The parents were extremely glad to see their children once more at home, and this joy continued while the ten crowns lasted; but, when the money was all gone, they fell again into their former uneasiness, and decided to abandon them again. This time they resolved to take them much deeper into the forest than before.

Ce Pierrot était son fils aîné qu'elle aimait plus que tous les autres, parce qu'il était un peu rousseau, et qu'elle était un peu rousse. Ils se mirent à table, et mangèrent d'un appétit qui faisait plaisir au père et à la mère, à qui ils racontaient la peur qu'ils avaient eue dans la forêt en parlant presque toujours tous ensemble: ces bonnes gens étaient ravis de revoir leurs enfants avec eux, et cette joie dura tant que les dix écus durèrent. Mais lorsque l'argent fut dépensé, ils retombèrent dans leur premier chagrin, et résolurent de les perdre encore, et pour ne pas manquer leur coup, de les mener bien plus loin que la première fois.

Although they tried to talk secretly about it, again they were overheard by Little Thumb, who made plans to get out of this difficulty as well as he had the last time. However, even though he got up very early in the morning to go and pick up some little pebbles, he could not do so, for he found the door securely bolted and locked. Their father gave each of them a piece of bread for their breakfast, and he fancied he might make use of this instead of the pebbles, by throwing it in little bits all along the way; and so he put it into his pocket.

Ils ne purent parler de cela si secrètement qu'ils ne fussent entendus par le petit Poucet, qui fit son compte de sortir d'affaire comme il avait déjà fait; mais quoiqu'il se fût levé de bon matin pour aller ramasser des petits cailloux, il ne put en venir à bout, car il trouva la porte de la maison fermée à double tour. Il ne savait que faire, lorsque la bûcheronne leur ayant donné à chacun un morceau de pain pour leur déjeuner, il songea qu'il pourrait se servir de son pain au lieu de cailloux en le jetant par miettes le long des chemins où ils passeraient; il le serra donc dans sa poche.

Their father and mother took them into the thickest and most obscure part of the forest, then, slipping away by an obscure path, they left them there. Little Thumb was not concerned, for he thought he could easily find the way again by means of his bread, which he had scattered along the way; but he was very much surprised when he could not find so much as one crumb. The birds had come and had eaten every bit of it up. They were now in great distress, for the farther they went the more lost and bewildered they became.

Le père et la mère les menèrent dans l'endroit de la forêt le plus épais et le plus obscur, et dès qu'ils y furent, ils gagnèrent un faux-fuyant et les laissèrent là. Le petit Poucet ne s'en chagrina pas beaucoup, parce qu'il croyait retrouver aisément son chemin grâce à son pain qu'il avait semé partout où il avait passé; mais il fut bien surpris lorsqu'il ne put en retrouver une seule miette; les oiseaux étaient venus qui avaient tout mangé. Les voilà donc bien affligés, car plus ils marchaient, plus ils s'égaraient et s'enfonçaient dans la forêt.

Night now came on, and there arose a terrible high wind, which made them dreadfully afraid. They fancied they heard on every side of them the howling of wolves coming to eat them up. They scarcely dared to speak or turn their heads. After this, it rained very hard, which drenched them to the skin; their feet slipped at every step they took,

and they fell into the mire, getting them muddy all over. Their hands were numb with cold.

La nuit vint, et il s'éleva un grand vent qui leur faisait épouvantablement peur. Ils croyaient n'entendre de tous côtés que des hurlements de loups qui venaient à eux pour les manger. Ils n'osaient presque se parler ni tourner la tête. Il survint une grosse pluie qui les trempa jusqu'aux os; ils glissaient à chaque pas et tombaient dans la boue, d'où ils se relevaient tout crottés, ne sachant que faire de leurs mains.

Little Thumb climbed to the top of a tree, to see if he could discover anything. Turning his head in every direction, he saw at last a glimmering light, like that of a candle, but a long way from the forest. He came down, but from the ground, he could no longer see it no more, which concerned him greatly. However, after walking for some time with his brothers in the direction where he had seen the light, he perceived it again as he came out of the woods.

Le petit Poucet grimpa au haut d'un arbre pour voir s'il ne découvrirait rien; ayant tourné la tête de tous côtés, il vit une petite lueur comme d'une chandelle, mais qui était bien loin par-delà la forêt. Il descendit de l'arbre; et lorsqu'il fut à terre, il ne vit plus rien; cela le désola. Cependant, ayant marché quelque temps avec ses frères du côté qu'il avait vu la lumière, il la revit en sortant du bois.

They came at last to the house where this candle was, but not without many fearful moments, for every time they walked down into a hollow they lost sight of it. They knocked at the door, and a good woman opened it. She asked them what they wanted.

Little Thumb told her they were poor children who had been lost in the forest, and begged her, for God's sake, to give them lodging.

The woman, seeing that they were good looking children, began to weep, and said to them, "Alas, poor babies, where are you from? Do you know that this house belongs to a cruel ogre who eats up little children?"

Ils arrivèrent enfin à la maison où était cette chandelle, non sans bien des frayeurs, car souvent ils la perdaient de vue, ce qui leur arrivait toutes les fois qu'ils descendaient dans quelques fonds. Ils frappèrent à la porte, et une bonne femme vint leur ouvrir. Elle leur demanda ce qu'ils voulaient; le petit Poucet lui dit qu'ils étaient de pauvres enfants qui s'étaient perdus dans la forêt, et qui demandaient à coucher par charité. Cette femme les voyant tous si jolis se mit à pleurer, et leur dit:

-«Hélas! mes pauvres enfants, où êtes-vous venus? Savez-vous bien que c'est ici la maison d'un ogre qui mange les petits enfants?»

"Ah! Dear Madam," answered Little Thumb (who, as well as his brothers, was trembling all over), "what shall we do? If you refuse to let us sleep here then the wolves of the forest surely will devour us tonight. We would prefer the gentleman to eat us, but perhaps he would take pity upon us, especially if you would beg him to."

-«Hélas! Madame», lui répondit le petit Poucet, qui tremblait de toute sa force aussi bien que ses frères, «que ferons-nous? Il est bien sûr que les loups de la forêt ne manqueront pas de nous manger cette nuit, si vous ne voulez pas nous retirer chez vous. Et cela étant, nous aimons mieux que ce soit Monsieur qui nous mange; peut-être qu'il aura pitié de nous, si vous voulez bien l'en prier.»

The ogre's wife, who believed she could hide them from her husband until morning, let them come in, and had them to warm themselves at a very good fire. There was a whole sheep on the spit, roasting for the ogre's supper.

After they warmed up a little, they heard three or four great raps at the door. This was the ogre, who was come home. Hearing him, she hid them under the bed and opened the door. The ogre immediately asked if supper was ready and the wine drawn, and then sat down at the table. The sheep was still raw and bloody, but he preferred it that way. He sniffed about to the right and left, saying, "I smell fresh meat."

La femme de l'ogre, qui crut qu'elle pourrait les cacher à son mari jusqu'au lendemain matin, les laissa entrer et les mena se chauffer auprès d'un bon feu, car il y avait un mouton tout entier à la broche pour le souper de l'ogre. Comme ils commençaient à se chauffer, ils entendirent frapper trois ou quatre grands coups à la porte: c'était l'ogre qui revenait. Aussitôt sa femme les fit cacher sous le lit, et alla ouvrir la porte. L'ogre demanda d'abord si le souper était prêt, et si on avait tiré du vin, et aussitôt se mit à table. Le mouton était encore tout sanglant, mais il ne lui en sembla que meilleur. Il reniflait à droite et à gauche, disant qu'il sentait la chair fraîche.

His wife said, "You can smell the calf which I have just now killed and flayed."

"I smell fresh meat, I tell you once more," replied the ogre, looking crossly at his wife, "and there is something here which I do not understand."

-«Il faut», lui dit sa femme, «que ce soit ce veau que je viens d'habiller que vous sentez»

-«Je sens la chair fraîche, te dis-je encore une fois», reprit l'ogre, en regardant sa femme de travers, «et il y a ici quelque chose de louche.»

As he spoke these words he got up from the table and went directly to the bed. "Ah, hah!" he said. "I see then how you would cheat me, you cursed woman; I don't know why I don't eat you as well. It is fortunate for you that you are tough old carrion. But here is good game, which has luckily arrived just in time to serve to three ogre friends who are coming here to visit in a day or two."

En disant ces mots, il se leva de table, et alla droit au lit.

-«Ah, dit-il, voilà donc comme tu veux me tromper, maudite femme! Je ne sais à quoi il tient que je ne te mange aussi; bien t'en prend d'être une vieille bête. Voilà du gibier qui me vient bien à propos pour traiter trois ogres de mes amis qui doivent me venir voir ces jours ici.»

With that he dragged them out from under the bed, one by one. The poor children fell upon their knees, and begged his pardon; but they were dealing with one of the cruelest ogres in the world. Far from having any pity on them, he had already devoured them with his eyes. He told his wife that they would be delicate eating with good savory sauce. He then took a large knife, and, approaching the poor children, sharpened it on a large whetstone which he held in his left hand.

Il les tira de dessous le lit l'un après l'autre. Ces pauvres enfants se mirent à genoux en lui demandant pardon; mais ils avaient à faire au plus cruel de tous les ogres, qui bien loin d'avoir de la pitié les dévorait déjà des yeux, et disait à sa femme que ce serait là de friands morceaux lorsqu'elle leur aurait fait une bonne sauce. Il alla prendre un grand couteau, et en approchant de ces pauvres enfants, il l'aiguisait sur une longue pierre qu'il tenait à sa main gauche.

He had already taken hold of one of them when his wife said to him, "Why do it now? Is it not tomorrow soon enough?"

"Hold your chatter," said the ogre; "they will be more tender, if I kill them now."

"But you have so much meat already," replied his wife. "You have no need for more. Here are a calf, two sheep, and half a hog."

"That is true," said the ogre. "Feed them so they don't get too thin, and put them to bed."

Il en avait déjà empoigné un, lorsque sa femme lui dit:

-«Que voulez-vous faire à l'heure qu'il est? N'aurez-vous pas assez de temps demain matin?»

-«Tais-toi», reprit l'ogre, «ils en seront plus mortifiés.»

-«Mais vous avez encore là tant de viande», reprit sa femme, «voilà un veau, deux moutons et la moitié d'un cochon!»

-«Tu as raison», dit l'ogre, «donne-leur bien à souper afin qu'ils ne maigrissent pas, et va les mener coucher.»

The good woman was overjoyed at this, and offered them a good supper, but they were so afraid that they could not eat a bit. As for the ogre, he sat down to drink, being highly pleased that now had something special to treat his friends. He drank a dozen glasses more than ordinary, which went to his head and made him sleepy.

La bonne femme fut ravie de joie, et leur porta bien à souper, mais ils ne purent manger tant ils étaient saisis de peur. Quant à l'ogre, il se remit à boire, ravi d'avoir de quoi si bien régaler ses amis. Il but une douzaine de coupes, plus qu'à l'ordinaire, ce qui lui donna un peu mal à la tête, et l'obligea à aller se coucher.

The ogre had seven little daughters. These young ogresses all had very fine complexions, because they ate fresh meat like their father; but they had little gray eyes, quite round, hooked noses, and very long sharp teeth, well-spaced from each other. As yet they were not overly mischievous, but they showed great promise for it, for they had already bitten little children in order to suck their blood.

They had been put to bed early, all seven in a large bed, and each of them wearing a crown of gold on her head. The ogre's wife gave the

seven little boys a bed just as large and in the same room, then she went to bed to her husband.

L'ogre avait sept filles qui n'étaient encore que des enfants. Ces petites ogresses avaient toutes le teint fort beau, parce qu'elles mangeaient de la chair fraîche comme leur père; mais elles avaient de petits yeux gris et tout ronds, le nez crochu et une fort grande bouche avec de longues dents fort aiguës et éloignées l'une de l'autre. Elles n'étaient pas encore très méchantes; mais elles promettaient beaucoup, car elles mordaient déjà les petits enfants pour en sucer le sang. On les avait fait coucher de bonne heure, et elles étaient toutes sept dans un grand lit, ayant chacune une couronne d'or sur la tête. Il y avait dans la même chambre un autre lit de la même grandeur; ce fut dans ce lit que la femme de l'ogre mit coucher les sept petits garçons; après quoi elle alla se coucher auprès de son mari.

Little Thumb, who had observed that the ogre's daughters had crowns of gold upon their heads, and was afraid lest the ogre should change his mind about not killing them, got up about midnight, and, taking his brothers' caps and his own, went very softly and put them on the heads of the seven little ogresses, after having taken off their crowns of gold, which he put on his own head and his brothers', that the ogre might take them for his daughters, and his daughters for the little boys whom he wanted to kill.

Le petit Poucet qui avait remarqué que les filles de l'ogre avaient des couronnes d'or sur la tête, et qui craignait qu'il ne prit à l'ogre quelque remords de ne les avoir pas égorgés dès le soir même, se leva vers le milieu de la nuit, et prenant les bonnets de ses frères et le sien, il alla tout doucement les mettre sur la tête des sept filles de l'ogre, après leur avoir ôté leurs couronnes d'or qu'il mit sur la tête de ses frères et sur la sienne, afin que l'ogre les prit pour ses filles, et ses filles pour les garçons qu'il voulait égorger.

All of this happened according to his plan for, the ogre awakened about midnight and, regretting that he had put off until morning that which he might have done tonight, he hastily got out of bed and picked up his large knife. "Let us see," he said, "how our little rogues are doing! We'll not make that mistake a second time!»

La chose réussit comme il l'avait pensé; car l'ogre, s'étant éveillé vers minuit, eut regret d'avoir différé au lendemain ce qu'il pouvait exécuter la veille; il se jeta donc brusquement hors du lit, et prenant son grand couteau:

-«Allons voir», dit-il, «comment se portent nos petits drôles; n'en faisons pas à deux fois.»

He then went, groping all the way, into his daughters' room. He came to the bed where the little boys lay. They were all fast asleep except Little Thumb, who was terribly afraid when he felt the ogre feeling about his head, as he had done about his brothers'. Feeling the golden crowns, the ogre said, "That would have been a terrible mistake. Truly, I did drink too much last night.»

Il monta donc à tâtons à la chambre de ses filles et s'approcha du lit où étaient les petits garçons, qui dormaient tous excepté le petit Poucet, qui eut bien peur lorsqu'il sentit la main de l'ogre qui lui tâtait la tête, comme il avait tâté celles de tous ses frères. L'ogre, qui sentit les couronnes d'or:

-«Vraiment», dit-il, «j'allais faire là un bel ouvrage; je vois bien que j'ai trop bu hier soir.»

Then he went to the bed where the girls lay. Finding the boys' caps on them, he said, "Ah, hah, my merry lads, here you are. Let us get to work." So saying, and without further ado, he cut all seven of his daughters' throats. Well pleased with what he had done, he went to bed again to his wife.

Il alla ensuite au lit de ses filles où, ayant senti les petits bonnets des garçons:

-«Ah! les voilà», dit-il, «nos gaillards! travaillons hardiment.»

En disant ces mots, il coupa sans hésiter la gorge à ses sept filles. Fort content de ce coup, il alla se recoucher auprès de sa femme.

As soon as Little Thumb heard the ogre snore, he wakened his brothers and told them to put on their clothes immediately and to follow him. They stole softly down into the garden, and climbed over the wall. They kept running nearly the whole night, trembling all the while, and not knowing which way they were going.

The ogre, when he awoke, said to his wife, "Go upstairs and dress those young rascals who came here last night."

Aussitôt que le petit Poucet entendit ronfler l'ogre, il réveilla ses frères, et leur dit de s'habiller promptement et de le suivre. Ils descendirent doucement dans le jardin, et sautèrent par-dessus les murailles. Ils coururent presque toute la nuit, toujours en tremblant et sans savoir où ils allaient.

L'ogre s'étant éveillé dit à sa femme: -"Va-t'en là-haut habiller ces petits drôles d'hier au soir."

The ogress was very much surprised at this goodness of her husband, not dreaming how he intended that she should dress them, thinking that he had ordered her to go and put their clothes on them, she went up, and was horribly astonished when she saw her seven daughters with their throats cut and lying in their own blood.

She fainted away, for this is the first expedient almost all women find in such cases. The ogre, fearing his wife would be too long in doing what he had ordered, went up himself to help her. He was no less amazed than his wife at this frightful spectacle.

L'ogresse fut fort étonnée de la bonté de son mari, ne se doutant point de la manière qu'il entendait qu'elle les habillât, et croyant qu'il lui ordonnait de les aller vêtir, elle monta en haut où elle fut bien surprise lorsqu'elle aperçut ses sept filles égorgées et nageant dans leur sang. Elle commença par s'évanouir (car c'est le premier expédient que trouvent presque toutes les femmes en pareilles rencontres). L'ogre, craignant que sa femme ne fût trop longtemps à faire la besogne dont il l'avait chargée, monta en haut pour l'aider. Il ne fut pas moins étonné que sa femme lorsqu'il vit cet affreux spectacle.

"What have I done?" he cried. "Those wretches shall soon pay for this!" He threw a pitcher of water on his wife's face, and, having brought her to herself, cried, "Bring me my seven-league boots at once, so that I can catch them."

-«Ah! qu'ai-je fait là?» s'écria-t-il. «Ils me le payeront, les malheureux, et bientôt.»

Il jeta aussitôt une potée d'eau au visage de sa femme, et l'ayant fait revenir:

''Donne-moi vite mes bottes de sept lieues'', lui dit-il, "afin que j'aille les attraper."

He went out, and ran this way and that over a vast amount of ground. At last he came to the very road where the poor children were, and not more than a hundred paces from their father's house. They saw the ogre coming, who was stepping from mountain to mountain, and crossing over rivers as easily as if they were little streams. Little Thumb

hid himself and his brothers in a nearby hollow rock, all the while keeping watch on the ogre.

Il se mit en campagne, et après avoir couru bien loin de tous côtés, enfin il entra dans le chemin où marchaient les pauvres enfants qui n'étaient plus qu'à cent pas du logis de leur père. Ils virent l'ogre qui allait de montagne en montagne, et qui traversait des rivières aussi aisément qu'il aurait fait le moindre ruisseau. Le petit Poucet, qui vit un rocher creux proche le lieu où ils étaient, y fit cacher ses six frères, et s'y fourra aussi, regardant toujours ce que l'ogre deviendrait.

The ogre was very tired from his long and fruitless journey (for seven-league boots are very tiring to wear), and decided to take a rest. By chance he sat on the rock where the little boys had hid themselves. He was so tired that he fell asleep, and began to snore so frightfully that the poor children were no less afraid of him than when he had held up his large knife and was about to cut their throats.

L'ogre, qui se trouvait fort las du long chemin qu'il avait fait inutilement (car les bottes de sept lieues fatiguent fort leur homme), voulut se reposer, et par hasard il alla s'asseoir sur la roche où les petits garçons s'étaient cachés. Comme il n'en pouvait plus de fatigue, il s'endormit après s'être reposé quelque temps, et vint à ronfler si effroyablement que les pauvres enfants n'en eurent pas moins de peur que quand il tenait son grand couteau pour leur couper la gorge.

However, Little Thumb was not as frightened as his brothers were, and told them that they immediately should run away towards home while the ogre was asleep so soundly, and that they should not worry about him. They took his advice, and soon reached home. Little Thumb came up to the ogre, pulled off his boots gently and put them on his own feet. The boots were very long and large, but because they were enchanted, they became big or little to fit the person who was wearing them. So they fit his feet and legs as well as if they had been custom made for him. He immediately went to the ogre's house, where he saw his wife crying bitterly for the loss of her murdered daughters.

Le petit Poucet en eut moins de peur, et dit à ses frères de s'enfuir promptement à la maison, pendant que l'ogre dormait bien fort, et qu'ils ne se missent point en peine de lui. Ils crurent son conseil et gagnèrent vite la maison. Le petit Poucet, s'étant approché de l'ogre, lui retira doucement les bottes, et les mit aussitôt. Les bottes étaient bien grandes et bien larges; mais comme elles étaient magiques, elles avaient le don de s'agrandir et de se rapetisser selon la jambe de celui qui les chaussait, de sorte qu'elles se trouvèrent aussi justes à ses pieds et à ses jambes que si elles avaient été faites pour lui. Il alla droit à la maison de l'ogre où il trouva sa femme qui pleurait auprès de ses filles égorgées.

"Your husband," said Little Thumb, "is in very great danger. He has been captured by a gang of thieves, who have sworn to kill him if he does not give them all his gold and silver. At the very moment they were holding their daggers to his throat he saw me, and begged me to come and tell you the condition he is in. You should give me everything he has of value, without keeping back anything at all, for otherwise they will kill him without mercy. Because his case is so very urgent, he lent me his boots (you see I have them on), that I might make the more haste and to show you that he himself has sent me to you."

-«Votre mari», lui dit le petit Poucet, «est en grand danger, car il a été pris par une troupe de voleurs qui ont juré de le tuer s'il ne leur donne tout son or et tout son argent. Au moment où ils lui tenaient le poignard sur la gorge, il m'a aperçu et m'a prié de vous venir avertir de l'état où il est, et de vous dire de me donner tout ce qu'il a de valeur sans en rien retenir, parce qu'autrement ils le tueront sans miséricorde: comme la chose presse beaucoup, il a voulu que je prisse ses bottes de sept lieues que voilà pour faire diligence, et aussi afin que vous ne croyiez pas que je sois un menteur.»

The good woman, being sadly frightened, gave him all she had, for although this ogre ate up little children, he was a good husband. Thus Little Thumb got all the ogre' s money. He returned with it to his father's house, where he was received with great joy.

La bonne femme fort effrayée lui donna aussitôt tout ce qu'elle avait: car cet ogre ne laissait pas d'être fort bon mari, quoiqu'il mangeât les petits enfants. Le petit Poucet étant donc chargé de toutes les richesses de l'ogre s'en revint au logis de son père, où il fut reçu avec bien de la joie.

There are many people who do not agree with this last detail. They claim that Little Thumb never robbed the ogre at all, that he only made off with the seven-league boots, and that with a good conscience, because the ogre's only use of them was to pursue little children. These

folks affirm that they are quite sure of this, because they have often drunk and eaten at the woodcutter's house.

Il y a bien des gens qui ne sont pas d'accord avec cette dernière circonstance, et qui prétendent que le petit Poucet n'a jamais fait ce vol à l'ogre; qu'à la vérité, il n'avait pas fait conscience de lui prendre ses bottes de sept lieues, parce qu'il ne s'en servait que pour courir après les petits enfants. Ces gens-là assurent le savoir de bonne part, et même pour avoir bu et mangé dans la maison du bûcheron.

These people claim that after taking off the ogre's boots, Little Thumb went to court, where he learned that there was much concern about the outcome of a certain battle and the condition of a certain army, which was two hundred leagues off. They say that he went to the king, and told him that, if he desired it, he would bring him news from the army before night. The king promised him a great sum of money if he could do so. Little Thumb was as good as his word, and returned that very same night with the news. This first feat brought him great fame, and he could then name his own price. Not only did the king pay him very well for carrying his orders to the army, but the ladies of the court paid him handsomely to bring them information about their lovers. Occasionally wives gave him letters for their husbands, but they paid so poorly, that he did not even bother to keep track of the money he made in this branch of his business.

Ils assurent que lorsque le petit Poucet eut chaussé les bottes de l'ogre, il s'en alla à la cour, où il savait qu'on était fort en peine d'une armée qui était à deux cents lieues de là, et du succès d'une bataille qu'on avait donnée. Il alla, disent-ils, trouver le roi, et lui dit que s'il le souhaitait, il lui rapporterait des nouvelles de l'armée avant la fin du jour. Le roi lui promit une grosse somme d'argent s'il en venait à bout. Le petit Poucet rapporta des nouvelles dès le soir même, et cette première course l'ayant fait connaître, il gagnait tout ce qu'il voulait; car le roi le payait parfaitement bien pour porter ses ordres à l'armée, et une infinité de dames lui donnaient tout ce qu'il voulait pour avoir des nouvelles de leurs amants, et ce fut là son plus grand gain. Il se trouvait quelques femmes qui le chargeaient de lettres pour leurs maris, mais elles le payaient si mal, et cela allait à si peu de chose, qu'il ne daignait mettre en ligne de compte ce qu'il gagnait de ce côté-là.

After serving as a messenger for some time and thus acquiring great wealth, he went home to his father, where he was received with inexpressible joy. He made the whole family very comfortable, bought positions for his father and brothers, all the while handsomely looking after himself as well.

Après avoir fait pendant quelque temps le métier de courrier, et y avoir amassé beaucoup de bien, il revint chez son père, où il n'est pas possible d'imaginer la joie qu'on eut de le revoir. Il mit toute sa famille à son aise. Il acheta des offices de nouvelle création pour son père et pour ses frères; et par là il les établit tous, et fit parfaitement bien sa cour en même temps.

Le Petit Chaperon Rouge

Once upon a time there lived in a certain village a little country girl, the prettiest creature who was ever seen. Her mother was excessively fond of her; and her grandmother doted on her still more. This good woman had a little red riding hood made for her. It suited the girl so extremely well that everybody called her Little Red Riding Hood.

Il était une fois une petite fille de village, la plus jolie qu'on eût su voir; sa mère en était folle, et sa mère-grand plus folle encore. Cette bonne femme lui fit faire un petit chaperon rouge, qui lui seyait si bien, que partout on l'appelait le petit chaperon rouge.

One day her mother, having made some cakes, said to her, "Go, my dear, and see how your grandmother is doing, for I hear she has been very ill. Take her a cake, and this little pot of butter."

Little Red Riding Hood set out immediately to go to her grandmother, who lived in another village.

Un jour sa mère, ayant cuit et fait des galettes, lui dit:

-«Va voir comment se porte ta mère-grand, car on m'a dit qu'elle était malade, porte-lui une galette et ce petit pot de beurre.»

Le petit chaperon rouge partit aussitôt pour aller chez sa mère-grand, qui demeurait dans un autre village.

As she was going through the wood, she met with a wolf, who had a very great mind to eat her up, but he dared not, because of some woodcutters working nearby in the forest. He asked her where she was going. The poor child, who did not know that it was dangerous to stay and talk to a wolf, said to him, "I am going to see my grandmother and carry her a cake and a little pot of butter from my mother."

En passant dans un bois elle rencontra compère le loup, qui eut bien envie de la manger, mais il n'osa, à cause de quelques bûcherons qui étaient dans la forêt. Il lui demanda où elle allait; la pauvre enfant, qui ne savait pas qu'il est dangereux de s'arrêter à écouter un loup, lui dit:

-«Je vais voir ma mère-grand, et lui porter une galette avec un petit pot de beurre que ma mère lui envoie.»

"Does she live far off?" said the wolf

"Oh I say," answered Little Red Riding Hood; "it is beyond that mill you see there, at the first house in the village."

"Well," said the wolf, "and I'll go and see her too. I'll go this way and go you that, and we shall see who will be there first."

-«Demeure-t-elle bien loin?» lui dit le loup.

-«Oh! oui», dit le petit chaperon rouge, «c'est par delà le moulin que vous voyez tout là-bas, là-bas, à la première maison du village.»

-«Eh bien!», dit le loup, «je veux y aller voir aussi; je m'y en vais par ce chemin-ci, et toi par ce chemin-là, et nous verrons qui plus tôt y sera.»

The wolf ran as fast as he could, taking the shortest path, and the little girl took a roundabout way, entertaining herself by gathering nuts, running after butterflies, and gathering bouquets of little flowers. It was not long before the wolf arrived at the old woman's house. He knocked at the door: tap, tap.

Le loup se mit à courir de toute sa force par le chemin qui était le plus court, et la petite fille s'en alla par le chemin le plus long, s'amusant à cueillir des noisettes, à courir après des papillons, et à faire des bouquets des petites fleurs qu'elle rencontrait.

Le loup ne fut pas longtemps à arriver à la maison de la mère-grand; il heurte:Toc, toc.

"Who's there?"

"Your grandchild, Little Red Riding Hood," replied the wolf, counterfeiting her voice; "who has brought you a cake and a little pot of butter sent you by mother."

The good grandmother, who was in bed, because she was somewhat ill, cried out, "Pull the bobbin, and the latch will go up."

-«Qui est là?»

-«C'est votre fille le petit chaperon rouge» (dit le loup, en contrefaisant sa voix) «qui vous apporte une galette et un petit pot de beurre que ma mère vous envoie.»

La bonne mère-grand, qui était dans son lit, car elle se trouvait un peu mal, lui cria:

-«Tire la chevillette, la bobinette cherra.»

The wolf pulled the bobbin, and the door opened, and then he immediately fell upon the good woman and ate her up in a moment, for it been more than three days since he had eaten. He then shut the door and got into the grandmother's bed, expecting Little Red Riding Hood, who came some time afterwards and knocked at the door: tap, tap.

Le loup tira la chevillette, et la porte s'ouvrit. Il se jeta sur la bonne femme, et la dévora en moins de rien; car il y avait plus de trois jours qu'il n'avait mangé. Ensuite il ferma la porte, et s'alla coucher dans le lit de la mère-grand, en attendant le petit chaperon rouge, qui quelque temps après vint heurter à la porte. Toc, toc.

"Who's there?"

Little Red Riding Hood, hearing the big voice of the wolf, was at first afraid; but believing her grandmother had a cold and was hoarse, answered, "It is your grandchild Little Red Riding Hood, who has brought you a cake and a little pot of butter mother sends you."

The wolf cried out to her, softening his voice as much as he could, "Pull the bobbin, and the latch will go up."

-«Qui est là?».

Le petit chaperon rouge, qui entendit la grosse voix du loup, eut peur d'abord, mais croyant que sa mère-grand était enrhumée, répondit:

-«C'est votre fille le petit chaperon rouge, qui vous apporte une galette et un petit pot de beurre que ma mère vous envoie.»

Le loup lui cria, en adoucissant un peu sa voix:

-«Tire la chevillette, la bobinette cherra.»

Little Red Riding Hood pulled the bobbin, and the door opened.

The wolf, seeing her come in, said to her, hiding himself under the bedclothes, "Put the cake and the little pot of butter upon the stool, and come get into bed with me."

Le petit chaperon rouge tira la chevillette, et la porte s'ouvrit. Le loup, la voyant entrer, lui dit en se cachant dans le lit sous la couverture:

-«Mets la galette et le petit pot de beurre sur la huche, et viens te coucher avec moi.»

Little Red Riding Hood took off her clothes and got into bed. She was greatly amazed to see how her grandmother looked in her nightclothes, and said to her, "Grandmother, what big arms you have!"

"All the better to hug you with, my dear."

"Grandmother, what big legs you have!"

"All the better to run with, my child."

"Grandmother, what big ears you have!"

"All the better to hear with, my child."

"Grandmother, what big eyes you have!"

"All the better to see with, my child."

"Grandmother, what big teeth you have got!"

"All the better to eat you up with."

And, saying these words, this wicked wolf fell upon Little Red Riding Hood, and ate her all up.

Le petit chaperon rouge se déshabille, et va se mettre dans le lit, où elle fut bien étonnée de voir comment sa mère-grand était faite en son déshabillé. Elle lui dit:

-«Ma mère-grand que vous avez de grands bras!»

-«C'est pour mieux t'embrasser ma fille.»

-«Ma mère-grand que vous avez de grandes jambes!»

-«C'est pour mieux courir mon enfant.»

-«Ma mère-grand que vous avez de grandes oreilles!»

-«C'est pour mieux écouter mon enfant.»

-«Ma mère-grand que vous avez de grands yeux!»

-«C'est pour mieux voir mon enfant.»

-«Ma mère-grand que vous avez de grandes dents!»

-«C'est pour te manger.»

Et en disant ces mots, le méchant loup se jeta sur le petit chaperon rouge, et la mangea.

Riquet a La Houppe

Once upon a time there was a queen who bore a son so ugly and misshapen that for some time it was doubtful if he would have human form at all. But a fairy who was present at his birth promised that he should have plenty of brains, and added that by virtue of the gift which she had just bestowed upon him he would be able to impart to the person whom he should love best the same degree of intelligence which he possessed himself.

Il était une fois une reine qui accoucha d'un fils, si laid et si mal fait, qu'on douta longtemps s'il avait forme humaine. Une fée qui se trouva à sa naissance assura qu'il ne laisserait pas d'être aimable, parce qu'il aurait beaucoup d'esprit; elle ajouta même qu'il pourrait, en vertu du don qu'elle venait de lui faire, donner autant d'esprit qu'il en aurait à celle qu'il aimerait le mieux.

This somewhat consoled the poor queen, who was greatly disappointed at having brought into the world such a hideous brat. And indeed, no sooner did the child begin to speak than his sayings proved to be full of shrewdness, while all that he did was somehow so clever that he charmed everyone.

Tout cela consola un peu la pauvre reine, qui était bien affligée d'avoir mis au monde un si vilain marmot. Il est vrai que cet enfant ne commença pas plus tôt à parler qu'il dit mille jolies choses, et qu'il avait dans toutes ses actions je ne sais quoi de si spirituel, qu'on en était charmé.

I forgot to mention that when he was born he had a little tuft of hair upon his head. For this reason he was called Ricky of the Tuft, Ricky being his family name.

J'oubliais de dire qu'il vint au monde avec une petite houppe de cheveux sur la tête, ce qui fit qu'on le nomma Riquet à la houppe, car Riquet était le nom de la famille.

Some seven or eight years later the queen of a neighboring kingdom gave birth to twin daughters. The first one to come into the world was more beautiful than the dawn, and the queen was so overjoyed that it was feared her great excitement might do her some harm. The same fairy who had assisted at the birth of Ricky of the Tuft was present, and in order to moderate the transports of the queen she declared that this little princess would have no sense at all, and would be as stupid as she was beautiful. The queen was deeply mortified, and a moment or two later her chagrin became greater still, for the second daughter proved to be extremely ugly.

Au bout de sept ou huit ans la reine d'un royaume voisin accoucha de deux filles. La première qui vint au monde était plus belle que le jour: la reine en fut si aise, qu'on appréhenda que la trop grande joie qu'elle en avait ne lui fit mal. La même fée qui avait assisté à la naissance du petit Riquet à la houppe était présente, et pour modérer la joie de la reine, elle lui déclara que cette petite princesse n'aurait point d'esprit, et qu'elle serait aussi stupide qu'elle était belle. Cela mortifia beaucoup la reine; mais elle eut quelques moments après un bien plus grand chagrin, car la seconde fille dont elle accoucha se trouva extrêmement laide.

"Do not be distressed, Madam," said the fairy. "Your daughter shall be recompensed in another way. She shall have so much good sense that her lack of beauty will scarcely be noticed."

"May Heaven grant it!" said the queen. "But is there no means by which the elder, who is so beautiful, can be endowed with some intelligence?"

"In the matter of brains I can do nothing for her, Madam," said the fairy, "but as regards beauty I can do a great deal. As there is nothing I would not do to please you, I will bestow upon her the power of making beautiful any person who shall greatly please her."

-«Ne vous affligez point tant, Madame», lui dit la fée; «votre fille sera récompensée d'ailleurs, et elle aura tant d'esprit, qu'on ne s'apercevra presque pas qu'il lui manque de la beauté.»

-«Dieu le veuille», répondit la reine, «mais n'y aurait-il point moyen de faire avoir un peu d'esprit à l'aînée qui est si belle?»

-«Je ne puis rien pour elle, Madame, du côté de l'esprit, lui dit la fée, mais je puis tout du côté de la beauté; et comme il n'y a rien que je ne veuille faire pour votre satisfaction, je vais lui donner pour don de pouvoir rendre beau qui lui plaira.»

As the two princesses grew up their perfections increased, and everywhere the beauty of the elder and the wit of the younger were the subject of common talk.

It is equally true that their defects also increased as they became older. The younger grew uglier every minute, and the elder daily became more stupid. Either she answered nothing at all when spoken to, or replied with some idiotic remark. At the same time she was so awkward that she could not set four china vases on the mantelpiece without breaking one of them, nor drink a glass of water without spilling half of it over her clothes.

A mesure que ces deux princesses devinrent grandes, leurs perfections crûrent aussi avec elles, et on ne parlait partout que de la beauté de l'aînée, et de l'esprit de la cadette. Il est vrai aussi que leurs défauts augmentèrent beaucoup avec l'âge. La cadette enlaidissait à vue d'oeil, et l'aînée devenait plus stupide de jour en jour. Ou elle ne répondait rien à ce qu'on lui demandait, ou elle disait une sottise. Elle était avec cela si maladroite qu'elle n'eût pu ranger quatre porcelaines sur le bord d'une cheminée sans en casser une, ni boire un verre d'eau sans en répandre la moitié sur ses habits.

Now although the elder girl possessed the great advantage which beauty always confers upon youth, she was nevertheless outshone in almost all company by her younger sister. At first everyone gathered round the beauty to see and admire her, but very soon they were all attracted by the graceful and easy conversation of the clever one. In a very short time the elder girl would be left entirely alone, while everybody clustered round her sister.

The elder princess was not so stupid that she was not aware of this, and she would willingly have surrendered all her beauty for half her sister's cleverness.

Quoique la beauté soit un grand avantage chez une jeune femme, cependant la cadette l'emportait presque toujours sur son aînée dans toutes les soirées. D'abord on allait du côté de la plus belle pour la voir et pour l'admirer, mais bientôt après, on allait à celle qui avait le plus d'esprit, pour lui entendre dire mille choses agréables, et on était étonné qu'en moins d'un quart d'heure l'aînée n'avait plus personne auprès d'elle, et que tout le monde s'était rangé autour de la cadette. L'aînée, quoique fort stupide, le remarqua bien, et elle eût donné sans regret toute sa beauté pour avoir la moitié de l'esprit de sa soeur.

Sometimes she was ready to die of grief for the queen, though a sensible woman, could not refrain from occasionally reproaching her for her stupidity.

The princess had retired one day to a wood to bemoan her misfortune, when she saw approaching her an ugly little man, of very disagreeable appearance, but clad in magnificent attire.

This was the young prince Ricky of the Tuft. He had fallen in love with her portrait, which was everywhere to be seen, and had left his father's kingdom in order to have the pleasure of seeing and talking to her.

Delighted to meet her thus alone, he approached with every mark of respect and politeness.

La reine, toute sage qu'elle était, ne put s'empêcher de lui reprocher plusieurs fois sa bêtise, ce qui pensa faire mourir de douleur cette pauvre princesse.

Un jour qu'elle s'était retirée dans un bois pour y plaindre son malheur, elle vit venir à elle un petit homme fort laid et fort désagréable, mais vêtu très magnifiquement. C'était le jeune prince Riquet à la houppe, qui étant devenu amoureux d'elle d'après ses portraits qui circulaient par tout le monde, avait quitté le royaume de son père pour avoir le plaisir de la voir et de lui parler. Ravi de la rencontrer ainsi toute seule, il l'aborde avec tout le respect et toute la politesse imaginables.

But while he paid her the usual compliments he noticed that she was plunged in melancholy.

"I cannot understand, madam," he said, "how anyone with your beauty can be so sad as you appear. I can boast of having seen many fair ladies, and I declare that none of them could compare in beauty with you."

"It is very kind of you to say so, sir," answered the princess; and stopped there, at a loss what to say further.

"Beauty," said Ricky, "is of such great advantage that everything else can be disregarded; and I do not see that the possessor of it can have anything much to grieve about."

Ayant remarqué, après lui avoir fait les compliments ordinaires, qu'elle était fort mélancolique, il lui dit:

-«Je ne comprends point, Madame, comment quelqu'un aussi belle que vous l'êtes peut être aussi triste que vous le paraissez; car, quoique je puisse me vanter d'avoir vu une infinité de belles dames, je puis dire que je n'en ai jamais vu dont la beauté approche de la vôtre.»

-«Cela vous plaît à dire, Monsieur», lui répondit la princesse, et en demeure là.

-«La beauté,» reprit Riquet à la houppe, «est un si grand avantage qu'il doit tenir lieu de tout le reste; et quand on le possède, je ne vois pas qu'il y ait rien qui puisse nous affliger beaucoup.»

To this the princess replied, "I would rather be as plain as you are and have some sense, than be as beautiful as I am and at the same time stupid."

"Nothing more clearly displays good sense, madam, than a belief that one is not possessed of it. It follows, therefore, that the more one has, the more one fears it to be wanting."

"I am not sure about that," said the princess; "but I know only too well that I am very stupid, and this is the reason of the misery which is nearly killing me."

"If that is all that troubles you, madam, I can easily put an end to your suffering."

"How will you manage that?" said the princess.

-«J'aimerais mieux,» dit la princesse, «être aussi laide que vous et avoir de l'esprit, que d'avoir de la beauté comme j'en ai, et être bête autant que je le suis.»

-«Il n'y a rien, Madame, qui marque davantage qu'on a de l'esprit, que de croire n'en pas avoir, et il est de la nature de ce bien-là, que plus on en a, plus on croit en manquer.»

-«Je ne sais pas cela», dit la princesse, «mais je sais bien que je suis fort bête, et c'est de là que vient le chagrin qui me tue.»

-«Si ce n'est que cela, Madame, qui vous afflige, je puis aisément mettre fin à votre douleur.»

-«Et comment ferez-vous?» dit la princesse.

"I am able, madam," said Ricky of the Tuft, "to bestow as much good sense as it is possible to possess on the person whom I love the most. You are that person, and it therefore rests with you to decide whether you will acquire so much intelligence. The only condition is that you shall consent to marry me."

The princess was dumfounded, and remained silent.

"I can see," pursued Ricky, "that this suggestion perplexes you, and I am not surprised. But I will give you a whole year to make up your mind to it."

-«J'ai le pouvoir, Madame, dit Riquet à la houppe, de donner de l'esprit autant qu'on en saurait avoir à celle que je dois aimer le plus; et comme vous êtes, Madame, celle-là, il n'en tiendra qu'à vous que vous n'ayez autant d'esprit qu'on en peut avoir, pourvu que vous vouliez bien m'épouser.» La princesse demeura toute interdite, et ne répondit rien.

-«Je vois», reprit Riquet à la houppe, «que cette proposition vous fait de la peine, et je ne m'en étonne pas; mais je vous donne un an tout entier pour vous y résoudre.»

The princess had so little sense, and at the same time desired it so ardently, that she persuaded herself the end of this year would never come. So she accepted the offer which had been made to her. No sooner had she given her word to Ricky that she would marry him within one year from that very day, than she felt a complete change come over her. She found herself able to say all that she wished with the greatest ease, and to say it in an elegant, finished, and natural manner. She at once engaged Ricky in a brilliant and lengthy conversation, holding her own so well that Ricky feared he had given her a larger share of sense than he had retained for himself.

La princesse avait si peu d'esprit, et en même temps une si grande envie d'en avoir, qu'elle s'imagina que la fin de cette année ne viendrait jamais; de sorte qu'elle accepta la proposition qui lui était faite. Elle n'eut pas plus tôt promis à Riquet à la houppe qu'elle l'épouserait dans un an à pareil jour, qu'elle se sentit tout autre qu'elle n'était auparavant; elle se trouva une facilité incroyable à dire tout ce qui lui plaisait, et à le dire d'une manière fine, aisée et naturelle. Elle commença dès ce moment une conversation galante et soutenue avec Riquet à la houppe, où elle brilla d'une telle force que Riquet à la houppe crut lui avoir donné plus d'esprit qu'il ne s'en était réservé pour lui-même.

On her return to the palace amazement reigned throughout the court at such a sudden and extraordinary change. Whereas formerly they had been accustomed to hear her give vent to silly, pert remarks, they now heard her express herself sensibly and very wittily.

The entire court was overjoyed. The only person not too pleased was the younger sister, for now that she had no longer the advantage over the elder in wit, she seemed nothing but a little fright in comparison.

Quand elle fut retournée au palais, toute la cour ne savait que penser d'un changement si subit et si extraordinaire, car autant qu'on lui avait entendu dire d'impertinences auparavant, autant lui entendait-on dire des choses bien sensées et infiniment spirituelles. Toute la cour en eut une joie qui ne peut s'imaginer; il n'y eut que sa cadette qui n'en fut pas bien aise, parce que n'ayant plus sur son aînée l'avantage de l'esprit, elle ne paraissait plus auprès d'elle qu'une guenon fort désagréable.

The king himself often took her advice, and several times held his councils in her apartment.

The news of this change spread abroad, and the princes of the neighboring kingdoms made many attempts to captivate her. Almost all asked her in marriage. But she found none with enough sense, and so she listened to all without promising herself to any.

Le roi se conduisait selon ses avis, et allait même quelquefois tenir le conseil dans son appartement. Le bruit de ce changement s'étant répandu, tous les jeunes princes des royaumes voisins firent grands efforts pour s'en faire aimer, et presque tous la demandèrent en mariage; mais elle n'en trouvait point qui eût assez d'esprit, et elle les écoutait tous sans s'engager avec l'un d'eux.

At last came one who was so powerful, so rich, so witty, and so handsome, that she could not help being somewhat attracted by him. Her father noticed this, and told her she could make her own choice of a husband. She had only to declare herself. Now the more sense one has, the more difficult it is to make up one's mind in an affair of this kind. After thanking her father, therefore, she asked for a little time to think it over. In order to ponder quietly what she had better do she

went to walk in a wood – the very one, as it happened, where she had encountered Ricky of the Tuft.

Cependant il en vint un si puissant, si riche, si spirituel et si bien fait, qu'elle ne put s'empêcher d'avoir de la bonne volonté pour lui. Son père, s'en étant aperçu, lui dit qu'il la faisait la maîtresse sur le choix d'un époux, et qu'elle n'avait qu'à se déclarer. Comme plus on a d'esprit et plus on a de peine à prendre une ferme résolution sur cette affaire, elle demanda, après avoir remercié son père, qu'il lui donnât du temps pour y penser. Elle alla par hasard se promener dans le même bois où elle avait trouvé Riquet à la houppe, pour rêver plus commodément à ce qu'elle avait à faire.

While she walked, deep in thought, she heard beneath her feet a thudding sound, as though many people were running busily to and fro. Listening more attentively she heard voices. "Bring me that boiler," said one; then another, "Put some wood on that fire!"

Dans le temps qu'elle se promenait, rêvant profondément, elle entendit un bruit sourd sous ses pieds, comme de plusieurs gens qui vont et viennent et qui agissent. Ayant prêté l'oreille plus attentivement, elle entendit que l'un disait:

-«Apporte-moi cette marmite»; l'autre:

-«Donne-moi cette chaudière»; l'autre:

-«Mets du bois dans ce feu.»

At that moment the ground opened, and she saw below what appeared to be a large kitchen full of cooks and scullions, and all the train of attendants which the preparation of a great banquet involves. A gang of some twenty or thirty spit- turners emerged and took up their positions round a very long table in a path in the wood. They all wore their cook's caps on one side, and with their basting implements in their hands they kept time together as they worked, to the lilt of a melodious song.

La terre s'ouvrit dans le même temps, et elle vit sous ses pieds comme une grande cuisine pleine de cuisiniers, de marmitons et de toutes sortes d'officiers nécessaires pour faire un festin magnifique. Il en sortit une bande de vingt ou trente rôtisseurs, qui allèrent se camper dans une allée du bois autour d'une table fort longue, et qui tous, la lardoire à la main, et la queue de renard sur l'oreille, se mirent à travailler en cadence au son d'une chanson harmonieuse.

The princess was astonished by this spectacle, and asked for whom their work was being done.

"For Prince Ricky of the Tuft, madam," said the foreman of the gang. ''His wedding is tomorrow."

At this the princess was more surprised than ever. In a flash she remembered that it was a year to the very day since she had promised to marry Prince Ricky of the Tuft, and was taken aback by the recollection. The reason she had forgotten was that when she made the promise she was still without sense, and with the acquisition of that intelligence which the prince had bestowed upon her, all memory of her former stupidities had been blotted out.

La princesse, étonnée de ce spectacle, leur demanda pour qui ils travaillaient.

-«C'est, Madame», lui répondit le plus apparent de la bande, «pour le prince Riquet à la houppe, dont les noces se feront demain.»

La princesse, encore plus surprise qu'elle ne l'avait été, et se ressouvenant tout à coup qu'il y avait un an qu'à pareil jour elle avait promis d'épouser le prince Riquet à la houppe, elle pensa tomber de son haut. Ce qui faisait qu'elle ne s'en souvenait pas, c'est que, quand elle fit cette promesse, elle était bête, et qu'en prenant le nouvel esprit que le prince lui avait donné, elle avait oublié toutes ses sottises.

She had not gone another thirty paces when Ricky of the Tuft appeared before her, gallant and resplendent, like a prince upon his wedding day.

"As you see, madam," he said, "I keep my word to the minute. I do not doubt that you have come to keep yours, and by giving me your hand to make me the happiest of men."

"I will be frank with you," replied the princess. "I have not yet made up my mind on the point, and I am afraid I shall never be able to take the decision you desire."

"You astonish me, madam," said Ricky of the Tuft.

Elle n'eut pas fait trente pas en continuant sa promenade, que Riquet à la houppe se présenta à elle, brave, magnifique, et comme un prince qui va se marier. -"Vous me voyez, dit-il, Madame, exact à tenir ma parole, et je ne doute point que vous ne veniez ici pour exécuter la vôtre, et me rendre, en me donnant la main, le plus heureux de tous les hommes.»

-«Je vous avouerai franchement,» répondit la princesse, «que je n'ai pas encore pris ma décision là-dessus, et que je ne crois pas pouvoir jamais la prendre comme vous la souhaitez.»

-«Vous m'étonnez, Madame», lui dit Riquet à la houppe.

"I can well believe it," said the princess, "and undoubtedly, if I had to deal with a clown, or a man who lacked good sense, I should feel myself very awkwardly situated. 'A princess must keep her word,' he would say, 'and you must marry me because you promised to!' But I am speaking to a man of the world, of the greatest good sense, and I am sure that he will listen to reason. As you are aware, I could not make up my mind to marry you even when I was entirely without sense; how can you expect that today, possessing the intelligence you bestowed on me, which makes me still more difficult to please than formerly, I should take a decision which I could not take then? If you wished so much to marry me, you were very wrong to relieve me of my stupidity, and to let me see more clearly than I did."

-«Je le crois», dit la princesse, «et assurément si j'avais affaire à un brutal, à un homme sans esprit, je me trouverais bien embarrassée. Une princesse n'a que sa parole, me dirait-il, et il faut que vous m'épousiez, puisque vous me l'avez promis; mais comme celui à qui je parle est l'homme du monde qui a le plus d'esprit, je suis sûre qu'il entendra raison. Vous savez que, quand j'étais bête, je ne pouvais néanmoins me résoudre à vous épouser; comment voulez-vous qu'ayant l'esprit que vous m'avez donné, qui me rend encore plus difficile en gens que je n'étais, je prenne aujourd'hui une .décision que je n'ai pu prendre dans ce temps-là? Si vous pensiez tout de bon à m'épouser, vous avez eu grand tort de m'ôter ma bêtise, et de me faire voir plus clair que je ne voyais.»

"If a man who lacked good sense," replied Ricky of the Tuft, "would be justified, as you have just said, in reproaching you for breaking your word, why do you expect, madam, that I should act differently where the happiness of my whole life is at stake? Is it reasonable that people who have sense should be treated worse than those who have none? Would you maintain that for a moment – you, who so markedly have sense, and desired so ardently to have it? But, pardon me, let us get to the facts. With the exception of my ugliness, is there anything about me which displeases you? Are you dissatisfied with my breeding, my brains, my disposition, or my manners?"

105

-«Si un homme sans esprit», répondit Riquet à la houppe, «serait bien reçu, comme vous venez de le dire, à vous reprocher votre manque de parole, pourquoi voulez-vous, Madame, que je n'en use pas de même, dans une chose où il y va de tout le bonheur de ma vie? Est-il raisonnable que ceux qui ont de l'esprit soient d'une pire condition que ceux qui n'en ont pas? Pouvez-vous le prétendre, vous qui en avez tant, et qui avez tant souhaité d'en avoir? Mais venons au fait, s'il vous plaît: à la réserve de ma laideur, y a-t-il quelque chose en moi qui vous déplaise? Etes-vous mal contente de ma naissance, de mon esprit, de mon humeur, et de mes manières?»

"In no way," replied the princess. "I like exceedingly all that you have displayed of the qualities you mention."

"In that case," said Ricky of the Tuft, "happiness will be mine, for it lies in your power to make me the most attractive of men."

"How can that be done?" asked the princess.

"It will happen of itself," replied Ricky of the Tuft, "if you love me well enough to wish that it be so. To remove your doubts, madam, let me tell you that the same fairy who on the day of my birth bestowed upon me the power of endowing with intelligence the woman of my choice, gave to you also the power of endowing with beauty the man whom you should love, and on whom you should wish to confer this favor."

-«Nullement», répondit la princesse, «j'aime en vous tout ce que vous venez de me dire.»

-«Si cela est ainsi», reprit Riquet à la houppe, «je vais être heureux, puisque vous pouvez me rendre le plus aimable de tous les hommes.»

-«Comment cela se peut-il?» lui dit la Princesse.

-«Cela se fera», répondit Riquet à la houppe, «si vous m'aimez assez pour souhaiter que cela soit; et afin, Madame, que vous n'en doutiez pas, sachez que la même fée qui au jour de ma naissance me fit le don de pouvoir rendre spirituelle qui me plairait, vous a aussi fait le don de pouvoir rendre beau celui que vous aimerez, et à qui vous voudrez bien faire cette faveur.»

"If that is so," said the princess, "I wish with all my heart that you may become the handsomest and most attractive prince in the world, and I give you without reserve the boon which it is mine to bestow."

No sooner had the princess uttered these words than Ricky of the Tuft appeared before her eyes as the handsomest, most graceful and attractive man that she had ever set eyes on.

-«Si la chose est ainsi», dit la princesse, «je souhaite de tout mon coeur que vous deveniez le prince du monde le plus beau et le plus aimable; et je vous en fais le don autant qu'il m'est possible.»

La princesse n'eut pas plus tôt prononcé ces paroles, que Riquet à la houppe parut à ses yeux l'homme du monde le plus beau, le mieux fait, et le plus aimable qu'elle eût jamais vu.

Some people assert that this was not the work of fairy enchantment, but that love alone brought about the transformation. They say that the princess, as she mused upon her lover's constancy, upon his good sense, and his many admirable qualities of heart and head, grew blind to the deformity of his body and the ugliness of his face; that his humpback seemed no more than was natural in a man who could make the courtliest of bows, and that the dreadful limp which had formerly distressed her now betokened nothing more than a certain diffidence and charming deference of manner. They say further that she found his eyes shine all the brighter for their squint, and that this defect in them was to her but a sign of passionate love; while his great red nose she found naught but martial and heroic.

Quelques-uns assurent que ce ne furent point les charmes de la fée qui opérèrent, mais que l'amour seul fit cette métamorphose. Ils disent que la princesse ayant fait réflexion sur la persévérance de son amant, sur sa discrétion, et sur toutes les bonnes qualités de son âme et de son esprit, ne vit plus la difformité de son corps, ni la laideur de son visage, que sa bosse ne lui sembla plus que le bon air d'un homme qui fait le gros dos; et qu'au lieu que jusqu'alors elle l'avait vu boiter effroyablement, elle ne lui trouva plus qu'un certain air penché qui la charmait; ils disent encore que ses yeux, qui étaient louches, ne lui en parurent que plus brillants, que leur dérèglement passa dans son esprit pour la marque d'un violent excès d'amour, et qu'enfin son gros nez rouge eut pour elle quelque chose de martial et d'héroïque.

However that may be, the princess promised to marry him on the spot, provided only that he could obtain the consent of her royal father.

The king knew Ricky of the Tuft to be a prince both wise and witty, and on learning of his daughter's regard for him, he accepted him with pleasure as a son-in-law.

The wedding took place upon the morrow, just as Ricky of the Tuft had foreseen, and in accordance with the arrangements he had long ago put in train.

Quoi qu'il en soit, la princesse lui promit sur-le-champ de l'épouser, pourvu qu'il en obtînt le consentement du roi son père. Le roi ayant su que sa fille avait beaucoup d'estime pour Riquet à la houppe, qu'il connaissait d'ailleurs pour un prince très spirituel et très sage, le reçut avec plaisir pour son gendre. Dès le lendemain les noces furent faites, ainsi que Riquet à la houppe l'avait prévu, et selon les ordres qu'il en avait donnés longtemps auparavant.

Les Souhaits Ridicules

There was once a poor woodcutter who, tired of his hard life, longed for rest in the world to come. In his unhappiness, he declared that in all his days heaven had not granted even one of his wishes.

Il était une fois un pauvre bûcheron
Qui, las de sa pénible vie,
Avait, disait-il, grand envie
De s'aller reposer aux bords de l'Achéron:
Représentant, dans sa douleur profonde,
Que, depuis qu'il était au monde,
Le ciel cruel n'avait jamais
Voulu remplir un seul de ses souhaits.

One day in the woods, as the woodcutter was complaining of his unhappy lot, Jupiter appeared before him, his thunderbolts in his hands. It would be difficult to picture the terror of the poor man.

Un jour que, dans le bois, il se mit à se plaindre,
A lui, la foudre en main, Jupiter apparut;
On aurait peine à bien dépeindre
La peur que le bonhomme en eut.
Je ne veux rien, dit-il, en se jetant par terre;
Point de souhaits, point de tonnerre,
Seigneur, demeurons but à but.

«I desire nothing,» he said, casting himself on the ground. I will give up my wishes if you, in turn, will give up your thunder.

That's a fair exchange!»

Je ne veux rien, dit-il, en se jetant par terre;
Point de souhaits, point de tonnerre,
Seigneur, demeurons but à but.

«Have no fear,» said Jupiter. «I have heard your complaints and I have come to show you how unfairly you judge me. Now

listen! I am king of all the world and I promise to grant your first three wishes, no matter what they may be. See that they

make you happy and content; and since your happiness depends on them, think carefully before you make them.»

— Cesse d'avoir aucune crainte;
Je viens, dit Jupiter, touché de ta complainte,
Te faire voir le tort que tu me fais.
Écoute donc: je te promets,
Moi qui du monde entier suis le souverain maître,
D'exaucer pleinement les trois premiers souhaits
Que tu voudras former sur quoi que ce puisse être;
Vois ce qui peut te rendre heureux,
Vois ce qui peut te satisfaire;
Et, comme ton bonheur dépend tout de tes vœux,
Songes-y bien avant que de les faire.»

With these words, Jupiter returned to his heavens and the happy woodcutter, taking up his bundle of sticks, hurried to his home. Never had his burden seemed so light.

A ces mots, Jupiter dans les cieux remonta;
Et le gai bûcheron, embrassant sa falourde.
Pour retourner chez lui sur son dos la jeta.
Cette charge jamais ne lui parut moins lourde.

«This is an important matter,» he said to himself. ''I certainly must have my wife's advice.»

«Il ne faut pas, disait-il en trottant,
Dans tout ceci rien faire à la légère;
Il faut, le cas est important,
En prendre avis de notre ménagère.

«Hey, Fanchon,» he shouted, as he entered his cottage. «Let us up a good fire. We are rich for the rest of our lives. All we have to do is to make three wishes!»

Çà, dit-il, en entrant sous son toit de fougère,
Faisons, Fanchon, grand feu, grand chère,
Nous sommes riches à jamais.
Et nous n'avons qu'à faire des souhaits.»

With this, he told his wife what had happened, whereupon she in her imagination began to form a thousand plans. But

realizing the importance of acting prudently, she said to her husband, «Blaise, my dear, let us not spoil anything by our

impatience. We must think things over very carefully. Let us put off our first wish until tomorrow. Let us sleep on it.»

Là-dessus, tout au long, le fait il lui raconte.
A ce récit, l'épouse, vive et prompte,
Forma dans son esprit mille vastes projets;
Mais, considérant l'importance
De s'y conduire avec prudence:
« Biaise, mon cher ami, dit-elle à son époux,
Ne gâtons rien par notre impatience ,
Examinons bien entre nous
Ce qu'il faut faire en pareille occurrence;
Remettons à demain notre premier souhait.
Et consultons notre chevet.

«I think you are right,» said he. «But first go draw some of that special wine.»

— Je l'entends bien ainsi, dit le bonhomme Biaise;
Mais, va tirer du vin derrière ces fagots.»

On her return, the woodcutter drank deeply and leaned back in his chair before the fire. «To match such a fine blaze,» he said,

«I wish we had a measure of sausage. It would go very well indeed!»

A son retour, il but; et, goûtant à son aise,
Près d'un grand feu, la douceur du repos,
Il dit, en s'appuyant sur le dos de sa chaise:
« Pendant que nous avons une si bonne braise,
Qu'une aune de boudin viendrait bien à propos!

Scarcely had he spoken these words when his wife, to her great astonishment, saw a long link of sausage moving over to them like a snake from the chimney corner. She cried out in alarm, but realizing at once that this was the result of the wish which her foolish husband had made, she began to abuse and scold him angrily.

A peine acheva-t-il de prononcer ces mots.
Que sa femme aperçut, grandement étonnée,
Un boudin fort long, qui, partant
D'un des coins de la cheminée.
S'approchait d'elle en serpentant.
Elle fit un cri dans l'instant;
Mais, jugeant que cette aventure
Avait pour cause le souhait
Que, par bêtise toute pure,
Son homme imprudent avait fait.
Il n'est point de pouille et d'injure
Que, de dépit et de courroux,
Elle ne dit au pauvre époux.

«When you might,» she said, «have a kingdom, with gold, pearls, rubies, diamonds, fine clothes; and all you wish for is a sausage!»

«Quand on peut, disait-elle, obtenir un empire,
De l'or, des perles, des rubis,
Des diamants, de beaux habits.
Est-ce alors du boudin qu'il faut que l'on désire?

«Alas,» her husband replied. «I was wrong, I made a very bad choice. I admit my mistake. Next time I will do better.»

— Eh bien! j'ai tort, dit-il; j'ai mal placé mon choix,
J'ai commis une faute énorme,
Je ferai mieux une autre fois.

«Yes! Yes!» said his wife. «I'll repeat it till Doomsday. To make such a choice as you did, you must be a donkey.»

— Bon, bon, dit-elle, attendez-moi sous l'orme.
Pour faire un tel souhait, il faut être bien bœuf! »

At this the husband became very angry and almost wished his wife was dead. «Mankind,» he said, «is born to suffer. A curse

on this and all sausages. I wish that it was hanging from the end of your nose!»

L'époux, plus d'une fois, emporté de colère,
Pensa faire tout bas le souhait d'être veuf.

Et peut-être, entre nous, ne pouvait-il mieux faire.
« Les hommes, disait-il, pour souffrir sont bien nés!
Peste soit du boudin, et du boudin encore!
Plût à Dieu, maudite pécore,
Qu'il te pendît au bout du nez »!

The wish was heard at once in heaven, and the sausage fastened itself on her nose. Fanchon had once been pretty, and, – to tell the truth – this ornament did not have a very pleasing effect. Since it hung down over her face, however, it interfered with her talking, and this was such an advantage to her husband that he did not think he had wished too badly.

La prière aussitôt du ciel fut écoutée;
Et, dès que le mari la parole lâcha,
Au nez de l'épouse irritée
L'aune de boudin s'attacha.
Ce prodige imprévu grandement le fâcha.
Fanchon n'était pas laide; elle avait bonne grâce,
Et, pour dire sans fard la vérité du fait,
Cet ornement en cette place
Ne faisait pas un bon effet,
Si ce n'est qu'en pendant sur le bas du visage,
Il l'empêchait de parler aisément;
Pour un époux, merveilleux avantage,
Et si grand, qu'il pensa, dans cet heureux moment,
Ne souhaiter rien davantage!

«With my remaining wish I could very well still make myself a king,» he said to himself. «But we must think of the queen, too, and her unhappiness if she were to sit on the throne with her new yard-long nose. She must decide which she wants, to be a queen with that nose or a woodcutter's wife and an ordinary person.»

Whereupon his wife agreed that they had no choice. She would never have the riches and diamonds and fine clothes she had dreamed of, but she would be herself again if the last wish would free her from the frightful sausage on her nose.

« Je pourrais bien, disait-il à part soi,
Après un malheur si funeste,

Avec le souhait qui me reste,
Tout d'un plein saut me faire roi.
Rien n'égale, il est vrai, la grandeur souveraine;
Mais encore faut il songer
Comment serait faite la reine,
Et dans quelle douleur ce serait la plonger,
De l'aller placer sur un trône
Avec un nez plus long qu'une aune.
Il faut l'écouter sur cela,
Et qu'elle-même elle soit la maîtresse
De devenir une grande princesse,
En conservant l'horrible nez qu'elle a,
Ou de demeurer bûcheronne
Avec un nez comme une autre personne
Et tel qu'elle l'avait avant ce malheur-là. »

La chose bien examinée,
Quoiqu'elle sût d'un sceptre et la force et l'effet,
Et que, quand on est couronnée,
On a toujours le nez bien fait;
Comme au désir de plaire il n'est rien qui ne cède,
Elle aima mieux garder son bavolet
Que d'être reine et d'être laide.

And so the woodcutter did not change his lot. He did not become a king. His purse was not filled with gold. He was only too glad to use his remaining wish in restoring his poor wife to her former state.

Ainsi le bûcheron ne changea point d'état.
Ne devint point grand potentat,
D'écus ne remplit point sa bourse;
Trop heureux d'employer son souhait qui restait,
Faible bonheur, pauvre ressource!
A remettre sa femme en l'état qu'elle était.

Conclusion

Reading is a magical activity that can transport you to wonderful places and faraway lands without even having to leave your home. I truly hope that this book was able to do that for you. Even more importantly, I hope you were able to improve your second language skills at the same time.

Before we bid our farewells, here is a short checklist for you:

- Did you feel that your reading skills in French/English improved as you read the fairy tales?
- Did the audio help you enhance your listening skills in either French or English?
- Were you able to follow along to the words to practice your pronunciation?

I certainly hope you did. Even more importantly, I hope you had a wonderful time reading the fairy tales and listening to the narration.

Finally, I hope this book was able to enrich your reading life and push you towards even more reading adventures. It will be a great help in polishing your French or English language skills.

If you need more help with learning French, please visit www.talkinfrench. com. There are so many great materials there waiting for you to discover them. Whether it's help with grammar, vocabulary, or French culture and travel, I'll always be here to help.

Merci,

Frédéric

Instructions on How to Download the Audio

- Go to this link: https://www.talkinfrench.com/download-fairy-tales-mp3/
- You will see a *CLICK HERE* button on that page. When you click on that, it will take you to a Dropbox folder.
- You will see that the MP3 files are saved in the Dropbox folder. If you're not familiar with what Dropbox is or how it works – no need to panic – it's simply a storage facility.
- There is NO NEED for you to create a Dropbox account and NO NEED to sign up if you don't have an existing Dropbox account. All you have to do is locate the *DOWNLOAD* button on the Dropbox folder (clue: it's at the upper right portion of your screen). Just click that button and start the download.

  (Note: If you have a Dropbox account, you can choose to save it to your own Dropbox which you can then access anywhere on connected devices.)

- The files you have downloaded will be saved in a *.zip* file. Simply extract these files from the *.zip* folder, save to your computer or copy to your preferred devices…*et voilà!* You can now listen to the audio anytime and anywhere.

Additional Instructions for iOS Users

Talk in French products are completely compatible with all iOS devices, but due to the limited control of the file system in Apple devices, you may need to do few more steps. (A video instructions is available on the download page)

Do you have any problems downloading the audio? If you do, feel free to send an email to contact@talkinfrench.com. I'll do my best to assist you, but I would greatly appreciate if you could thoroughly review the instructions first.

Thank you.

Merci.

About CharlesPerrerault

Charles Perrault (/pɛˈroʊ/ perr-OH, also US: /pəˈroʊ/ pə-ROH, French: [ʃaʁl pɛʁo]; 12 January 1628 – 16 May 1703) was a French author and member of the Académie Française. He laid the foundations for a new literary genre, the fairy tale, with his works derived from earlier folk tales, published in his Histoires ou contes du temps passé.

Learn French with Stories for Beginners Vol 1-3:
The Ultimate Reading and Comprehension Bundle for Beginners

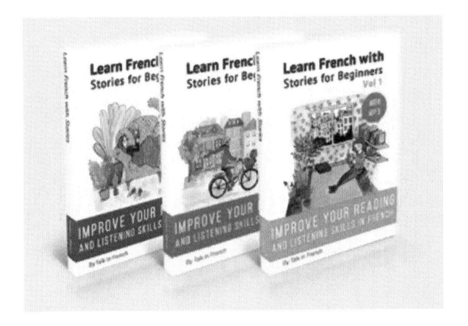

- A total of 45 short stories about a variety of familiar scenarios and fun topics.

  No dictionary necessary. Each story is broken down with a French and English glossary. No need to look up words you don't understand.

- More than 4,000 French words translated. Give your vocabulary an instant boost.

- Diverse grammar structures and vocabulary. The stories feature a good mix of dialogue and descriptions, to give you a better grasp of both formal and everyday French.

- 3 formats available: PDF, MOBI (for Kindle), EPUB (for e-reader).

- 15 hours of audio for you to listen to. Practice your pronunciation and your listening with the free MP3 that you can listen to anywhere.

- Each story is narrated by a native French speaker and is recorded in two different ways:

  1. A slow version to help beginners follow along and practice their pronunciation.

  2. A normal speed for intermediate learners or for beginners who wish to review their progress.

Get it now at the Talk in French Store (store.talkinfrench.com)

Made in the USA
Columbia, SC
08 December 2019

84523722R00072